Maximilian von Schreibershofen

Erinnerungen
1805 - 1815

Beiträge zur sächsischen Militärgeschichte zwischen 1793 und 1815

Heft 68

Abb. 1 Maximilian von Scheibershofen (Bestand 12 778 Akte 1)

Maximilian von Schreibershofen

Erinnerungen 1805 - 1815

Bibliographische Information der Deutschen Bibliothek

Die Deutsche Bibliothek verzeichnet diese Publikation in der Deutschen Nationalbibliographie; detaillierte bibliographische Daten sind im Internet über http://dnb.ddb.-de abrufbar.

Die Deutsche Bibliothek – CIP – Einheitsaufnahme

Jörg Titze (Hrsg.)

Maximilian von Schreibershofen - Erinnerungen 1805 - 1815

ISBN 978-3-7534-6008-6

© 2021 Jörg Titze

Herstellung und Verlag:

BoD - Books on Demand, Norderstedt

Einleitung

„Die umstehenden Erinnerungen habe ich niederge-
schrieben, weil es mir Vergnügen machte, mich dabei
recht lebhaft in vergangene Zeiten zu versetzen und mit
interessanten Situationen, die ich erlebt und interessante
Personen, mit denen ich in Berührung gekommen, wieder
zu vergegenwärtigen. - das Manuskript ist keineswegs für
die Öffentlichkeit bestimmt und macht keinen Anspruch
auf literarischen Wert."

Ich fühle mich zugegebener Maßen schuldig, mit der
Wiedergabe der militärischen Erlebnisse diesen Wunsch
nicht gänzlich respektiert zu haben. Ich fühle mich aber
dadurch exkulpiert, dass ich einen weiteren Zeitzeugen
zu Wort kommen lassen kann, der die damalige Zeit nicht
durch die Brille im Hier und Jetzt sozialisierter Historiker
sondern durch ein Originalokular wieder ein wenig besser zu verstehen hilft.

Günther Joseph Karl Maximilian von Schreibershofen (bis
1812 Schreiber von Schreibershofen) wurde in Neustadt
an der Orla am 07.08.1785 als Sohn eines pensionierten
Hauptmanns geboren[1].

Die Eckpunkte seiner militärischen Laufbahn waren: Ka-
dett (01.06.1797); Fähndrich (03.02.1803), Sousleutnant
(18.09.1807), Premierleutnant (1809) im Regiment Bevilaqua; 24.02.1810 Kapitän (Adjoint Generalstab Division Zeschau); 05.12.1812 Major im Generalstab.; 1822

---

[1] Sein älterer Bruder Eberhardt diente gleichfalls in der Armee und
stand beim Infanterie-Regiment Prinz Clemens (11.01.1807 Sousleutnant, 07.05.1809 Premierleutnant). 1812 stand er als Capitain bei
der I. Halb-Invaliden-Kompanie.

Oberstleutnant. Am 02.12.1850 als Generalmajor und Kommandant des Kadettenkorps pensioniert, starb er am 24.12.1881 als General der Infanterie zu Dresden.

Seine Erinnerungen umfassen den Zeitraum von 1785 bis 1856. Wiedergegeben werden in diesem Heft die mit dem Militär in Verbindung stehenden Jahre 1805 bis 1815. Alles was in diesem Zeitraum einen nicht militärischen Bezug hatte, wurde (den eingangs erwähnten Wunsch respektierend) weggelassen, insofern dies, ohne den Zusammenhang zu stören, möglich war.

Verfasst wurden diese Erinnerungen zwischen 1856 (Ende der Aufzeichnungen) und 1881 (Tod), wohl auf Basis von Tagebuchaufzeichnungen.

Dem geneigten Leser wünsche ich eine interessante Lektüre.

Insofern Sie Anmerkungen, Ergänzungen oder sonstige Informationen zu Herrn von Schreibershofen aus dieser Zeit haben, so können Sie gern unter

sachsen-titze@t.online.de

Kontakt zu mir aufnehmen.

Eilenburg im Februar 2021

Ihr

Jörg Titze

1805

In diesem Jahr traf mein Regiment die Reihe ein Bataillon und eine Grenadierkompanie nach Dresden abzusenden und daselbst ein Jahr lang, vom 1sten Juni an, nebst einem Bon Churfürst und einem Bon Prinz Clemens, den Garnisonsdienst zu verrichten. Jedes Infanterie-Regiment kam immer das vierte Jahr an die Reihe. Jede der 10 Kompanien gab die Hälfte der Offiziere und Mannschaften dazu. Ich ward dem Dresdner Bataillon zugeteilt und freute mich sehr, ein Jahr lang Leipzig mit Dresden vertauschen zu können, um so mehr als der gemeinschaftliche Dienst in der Residenz mit den anderen Regimentern das Gute hatte, Einseitigkeit zu vermeiden, Emulation zu bewirken und kameradschaftlichen Geist zu beleben.

Ende Mai ward der Marsch unter Kommando des Major v.Könitz - eines beschränkten, ängstlichen Mannes - angetreten. Nach altem Herkommen war nach 2 Marschtagen ein Rasttag, wobei ich nach Kalbitz bei Wendisch Luppa ins Quartier kam. Da ich hier nur ohngefähr 3 Meilen von Döbeln, wo mein Onkel Bredow jetzt als Oberstleutnant stand und von dem nah dabei gelegenen Gärtitz, den Polenz'schen Stammgut, dass die Familie seit kurzem bewohnte, entfernt war, so beschloss ich, sie zu besuchen, verschaffte mir ein Mietpferd und trabte auf dem, aus einer Spezialkarte ersehenen nächsten Weg, gleich nach dem Einrücken in Kalbitz, nach Gärtitz, wo ich sehr ermüdet von dem Vormittags-Marsch und Nachmittags-Ritt ankam, aber durch die freundlichste Aufnahme und ein gutes Souper für meine Anstrengung belohnt ward. Am andern Morgen - es war Sonntag - besuchte ich Bredows von dem nur 20 Minuten entfernten Döbeln, vernahm vom Onkel, dass er ganz unerwartet von einem Verwandten in Preußen eine bedeutende Erbschaft gemacht, bereits um den Abschied angehalten habe und sich in der Niederlausitz, seiner Geburtsprovinz, ankaufen wolle. Von Bredows begleitet kehrte ich Mittags zu Polenzens nach Gärtitz zurück und kam Abends noch Zeit genug in meinem Rastquartier an, um in Luppa an einem improvisierten Ball teilzunehmen, der, zu Ehren einer Menge hübscher Mädchen - Töchter von Förstern, Pfarren, Einwohnern pp. - in der Schankstube bei der Beleuchtung von zwei Inseltlichtern stattfand.

Vor dem Einrücken in Dresden kantonierte das Bataillon acht Tage in den schön gelegenen Dörfern zwischen der Elbe und den Plauenschen Grunde. Mein Quartier, so wie das des mir Freund gewordenen Leutnants v.Schlotheim, war in Pesterwitz, wo wir uns der reizenden Umgebung und Aussicht erfreuten. Eines Abends ward ich aber in diesem Genuss unerwartet gestört. Eine Ordonnanz brachte mir den Befehl, mich zu dem Adjutanten v.Leonhardi nach Cotta in Arrest zu begeben, weil mich der Major v.Könitz, dem ich in Dresden begegnet war, mit einer unprobemäßigen kleinen Zopfschleife erblickt hatte. Der „probemäßige", veraltete, unschöne Anzug war damals der Hauptgegenstand des Augenmerks der meisten unserer Stabsoffiziere. Der Churfürst selbst rügte es, wenn er bei Hof eine Abweichung vom alten Schnitt pp. bemerkte. In meinem Arrest bei Leonhardi befand ich mich übrigens sehr wohl und ward am nächsten Tag entlassen.

In Dresden bekam das Bataillon Ryssel seine Quartiere - meist sehr schlechte - in der Wilsdruffer Vorstadt und in Poppitz. Ich nahm das meine im Goldenen Stern mit einem Kameraden gemeinschaftlich, der nur für Bier und Tabak Sinn hatte.

Während des Sommers, so wie im nächsten Frühjahr ward auf der Sandwüste am Blasewitzer Tännicht, die jetzt schönstens kultiviert und bekannt ist, viel exerziert. Der weite Marsch von Poppitz aus dorthin und das mit gewaltigem Laufen verbundene Schützen-Exerzieren im tiefen Sande waren, zumal bei großer Hitze, sehr anstrengend, aber ich ertrug die Ermüdung gern, da ich mit dem grünen Federbusch, der die Schützen auszeichnete, an der Spitze dieser Truppe marschieren konnte, die auf dem Marsch die Avantgarde bildete. Der übrige Garnisonsdienst bestand im täglichen Beiwohnen der Wachparade um 11 Uhr auf dem Judenhofe, der Bataillonsinspektion und im Beziehen der Wache, die mich gewöhnlich am 12ten Tag, im See- oder Wildauschen Torposten, traf.

Das Dresdner Garnisonsjahr ward von allen Offizieren möglichst benutzt, um von den Annehmlichkeiten, welche die Haupt- und Residenzstadt, die schöne Umgebung und die Vereinigung mit Kameraden anderer Regimenter darboten, zu profitieren. Im Sommer wurden oft Gondelfahrten mit Musik nach Loschwitz, Pillnitz pp. und andere Landpartien unternommen. Das noch jetzt florierende Bad nebst Sommertheater vereinigte an Courattagen, namentlich Sonntags, ein zahlreiches elegantes Publikum, unter dem die Offiziere nicht fehlten. Die der Garde und Garde du Corps, letztere auf schönen englischen Pferden ankommend, glänzten durch ihre schönen Uniformen in der bunten Menge. Die vielen schönen Männern, Frauen und Mädchen, die man hier vereinigt fand, würde die jetzige Generation mit Verwunderung betrachten. Das gut besetzte Theater - durch deutsche und italienische Oper - gewährte, bei den geringen Entree-Preisen, jeden Abend eine genussreiche Unterhaltung. Im

Winter fehlte es den Tanzlustigen - zu denen ich gehörte - nicht an Bällen. Die Lasina-Bälle, die wöchentlich einmal von 6 bis 10 Uhr statt fanden, nicht luxuriert und kostspielig, aber eine permanente Vereinigung waren, boten auch denen Offiziers, die sich nicht in die Ball-Salons der Gesandten pp. einführen ließen, Gelegenheit, die höhere Gesellschaft kennen zu lernen.

Um den Sinn der italienischen Opern zu verstehen, nahm ich (mit dem Leutnant v.charpentier von der Garde) Unterricht im Italienischen und bei meinem alten guten Abbé Sansslet, der von Leipzig wieder nach Dresden gezogen war, setzte ich die Übungen im Französischen fort. Der Maler Hess, rühmlich bekannt durch den „Kosakenmarsch durch Prag" und das Gefecht von Prinz Clemens Chevauxlegers bei Kaiserslautern, gab Abbildungen der sächsischen Armee nach lebenden Modellen heraus. Als ein solches führte ich ihm einen Grenadier meines Regiments zu und verschaffte ihm noch einige Kavalleristen für seinen Zweck, dafür war er so dankbar, dass er mir Unterricht im Zeichnen nach Gipsmodellen gab. Dieses, sowie die Fortsetzung seiner Armeeblätter, ward aber leider bald unterbrochen. Er und sein Bruder, ein famoser Bonvivant, waren Besitzer des Hotel de Pologne und bankerott geworden. Mein armer Maler musste Dresden verlassen, um Wechselarrest zu entgehen.

Zu Ende des Sommers, wurde in Preußen und Sachsen zu einem Krieg, in Gemeinschaft mit Österreich und Russland , gegen Frankreich gerüstet. Im Herbst begannen die Durchmärsche durch Dresden der aus Schlesien nach der Fränkischen Grenze marschierenden Truppen und zugleich die Zusammenziehung von 20.000 Mann Sachsen an der Elster und Saale. Mein Bataillon ward nicht zum mobilen Korps bestimmt, aber die beiden andern Bataillons, Churfürst und Clemens, verließen die Dresdner Garnison und wurden durch 2 B^{ons} von Sänger und Low ersetzt. Die Durchmärsche belebten Dresden und boten für den Militär manches Interessante dar. Unter anderen exerzierte die leichte Infanterie-Brigade Pelet, auf dem Platze zwischen der Brücke und dem Schloss , bloß nach Hörner-Signalen, vor dem, auf dem Balkon befindlichen Kurfürsten.

Der schmähliche Vertrag, den Preußen mit Frankreich in Wien abschloss und der Frieden nach der Schacht von Austerlitz, führten die Truppen, meistenteils in kleinmütiger Stimmung, zurück in ihre Garnisonen.

Als die russische Hauptarmee bis Mähren vorgerückt war, begab sich der Kaiser Alexander zu derselben und verweilte von Berlin kommend, wo er am Grabe Friedrichs des Großen dem preuß: König zuvor treue Freundschaft geschworen hatte, einen Tag in Dresden als Gast des Kurfürsten. Seine schöne, imposante Erscheinung und sein verbindliches Benehmen erwarben ihm den allgemeinsten und lebhaftesten Beifall. Man erblickte ihn schon als Sieger - und wenige Tage danach langte die Nachricht von der Schlacht von Austerlitz an.

Die Besatzung der Festung Königstein, die gewöhnlich aus einer Halb-Invaliden Kompanie und Artilleristen bestand, erhielt bei der Mobilmachung der Armee Verstärkung. Unter diesen befand sich mein Bruder, bei einem Besuche, den ich ihm dort machte, lernte ich einen interessanten alten, lebenslustigen Veteranen, den Generalleutnant v.Boblick, Gouverneur der Festung, kennen. Er ladete mich zu seinem Diner ein, das er durch Heiterkeit belebte.

1806

Am 1. Juni (1806) trat wieder der Wechsel der Dresdner Garnison ein, der mich nach Leipzig zurück führte, wo ich, an der Stelle des verstorbenen Generals v.Ryssel einen neuen Regimentchef in der Person des Generals v.Bünau fand. Schon im nächsten Winter nahm er den Abschied und der General v.Bevilaqua trat an seine Stelle.

Preußen erntete die Früchte seiner auswärtigen Politik vom vorigen Jahr. Der Besitz von Hannover, den es durch selbige erhalten, war zweifelhaft. Krieg mit Frankreich schien unvermeidlich. Es stützte sich auf die Allianz mit Russland und in Deutschland auf die Höfe von Sachsen und Kurhessen. - Während der Unterhandlungen mit Frankreich ward die preußische und sächsische Armee mobil gemacht und großenteils an der Saale konzentriert. Die Avantgarde ging bis Eisenach vor.

Das sächsische Korps, 20.000 Mann stark unter Kommando des Generals der Kavallerie v.Zezschwitz senior, vereinigte sich mit der so genannten schlesischen Armee, die der Fürst Hohenlohe kommandierte.

Die preußische Hauptarmee kommandierte der Herzog von Braunschweig, bei dem sich der König befand. - Historisch bekannt ist die Unentschlossenheit und Verwirrung, die in Betreff des Operationsplans herrschte, das planlose Hin- und Herziehen der Truppen, der Mangel an Verpflegungsanstalten und an Ausrüstung aller Art. - Unerwartet erschien der Feind, dem man nach Franken entgegen gehen wollte, an der oberen Saale, schlug am 8., 9. und 10. Oktober die Avantgarde der Hohenlohschen Armee bei Saalburg, Schleiz und Saalfeld und war auf dem rechten Saaleufer bereits im Rücken der preußischen

Armee, als noch der Herzog von Braunschweig bei Weimar stand. Dieser war nun genötigt mit umgekehrter Front eine Stellung bei Auerstädt zu nehmen und Hohenlohe war bei Jena aufgestellt. Am 14. Oktober ward letzterer von der französischen Hauptarmee unter Napoleon, und die preußische Hauptarmee vom Korps des Marschall Davout so total geschlagen, dass Napoleon ohne Aufenthalt bis Polen, wo bei Pultusk ihm Russen entgegen traten, vordringen konnte.

Nach dieser Übersicht des kurzen sächsischen Feldzugs komme ich auf die persönlichen Erlebnisse zurück.

Beim Eintritt der Mobilmachung ward ich vom 1sten Bataillon, das die Bestimmung erhielt im Lande - in Leipzig - zu bleiben, zu meiner großen Freude zu dem 2ten, mobilen versetzt. - Ehe dieses von Eilenburg ausrückte, wäre ich beim Baden in der Mulde ertrunken, wenn mich nicht Leonhardi und Sperl, die mit mir badeten und schwimmen konnten, gerettet hätten, als ich schon bewusstlos war.

Ein merkwürdig alberne Ordre mit der Weisung nach Dresden aufzubrechen und, wenn fremde Truppen den Marsch hindern wollten, Gewalt mit Gewalt zu vertreiben, erging an alle im Südwesten Sachsen garnisonierenden Regimenter. Während des, noch im vollsten Frieden angetretenen Marsches nach Dresden kam der Befehl, halt zu machen und die Ausrüstung der Truppen zu vollenden. - Welche Nachrichten oder Betrachtungen obige Ordre veranlasst hatte, ist unbekannt geblieben. - Mein Bataillon machte bei Grimma halt und bezog dort Kantonierungsquartiere.

Die Sorge für meine Feldausrüstung bestand hauptsächlich in der Anschaffung eines Reitpferdes, das ich auch glücklich in einem ausgemusterten Polen des Regiments Prinz Clemens Chev.leg. für 50 Taler akquirierte. Jeder Infanterie-Offizier erhielt eine Ration für ein Reitpferd, und Packpferde für den Transport der Zelte wurden vom Staat geliefert, für je 2 Subalterne war ein Packpferd bestimmt. - Zur Abholung der Munition von Torgau ward ich nebst einigen Unteroffizieren kommandiert. Auf diesem Zuge kam mir mein Reitpferd bereits sehr zu statten.

Der Marsch aus der Kantonierung bei Grimma zur Konzentrierung an der Saale ging über Gera bis in die Gegend von Klosterlausnitz, wo wieder eine Ordre Stillstand gebot. Nach einigen Tagen marschierten wir weiter über Roda und Orlamünde bis Großkochberg und Umgebung, während sich das Gros des sächsischen Korps bei Mittelpöllnitz vereinigte. 3 Bataillons und 1 Kavallerie-Regiment (Prinz Johann) wurden der, bei Saalburg und Schleiz zur Beobachtung der Hohen Straße aufgestellten Avantgarde unter General v.Tauenzien und 6 Bataillons nebst dem Husaren-Regiment und 1 Batterie der, in und bei Rudolstadt stehenden Avantgarde des Prinzen Louis Ferdinand zugeteilt. Als am 8ten und 9ten Oktober ersterer bei Saalburg und Schleiz von den Franzosen angegriffen und bis Mittelpöllnitz zurück geworfen worden war, erhielt mein Bataillon am 9ten Abends Befehl, sofort nach Kahla zurück zu marschieren. Mich traf dieser Befehl in Kochberg, wo ich bei Streif einen Besuch machte.

Nach einem unbehaglichen Nachtmarsch kamen wir am 10ten früh in Kahla an und fanden hier das Hauptquartier des Fürsten Hohenlohe, unseres Kommandierenden.

Kanonendonner, der aus der Richtung von Saalfeld deutlich hörbar war, veranlaßte die Aufstellung des Bataillons auf die Saalfelder Straße. - Prinz Louis war früh dem, gegen Saalfeld vorrückenden Feind, die Schwarza und Saale hinter sich lassend, bis an den Fuß des dortigen Gebirges entgegen gegangen. Die große Übermacht der Franzosen, der schlecht gewählte Kampfplatz und die Unerfahrenheit der alliierten Truppen führten eine völlige Niederlage und Auflösung des kleinen Korps herbei. Der Prinz büßte sein Unternehmen mit dem Leben. Ein großer Teil der Flüchtlinge ward in Kahla gesammelt.

Am anderen Morgen marschierten wir mit dem Hauptquartier nach Jena, wohin auch das sächsische Korps von Mittelpöllnitz aufbrach. Unterwegs verlangte der, im Generalstab des Fürsten Hohenlohe angestellte sächs: Oberst v.Gutschmidt einen berittenen Offizier meines Bataillons, der em von Roda kommenden General v.Biela mit seiner Division den Befehl bringen sollte, ohne Aufenthalt nach Jena zu marschieren. Mich traf die Reihe dieses Ordonnanzrittes. Auf den Höhen von Lobstädt hörte ich unter mir im Saaletal ein mir unbegreifliches Gewehrfeuer. Um mich darüber aufzuklären ritt ich darauf zu und fand, dass versprengte oder fortgelaufene Mannschaften, meist von der Brigade Pellet, die bei Saalfeld nicht lange standgehalten hatte, zuchtlos ihre Munition verschoss.

Obgleich das, was man bisher vom Anfang des Feldzuges gesehen und gehört hatte, keine günstigen Erwartungen erwecken konnte, so versicherte mir doch ein preuß: Major im Generalstab, v. Möllendorf, dem ich begegnete, dass die Franzosen uns den Sieg leicht machten, indem sie in die Thüringer Ebenen gekommen wären, wo sie eine schmähliche Niederlage erleiden würden.

Dagegen war der alte General v.Biela, dem ich den erhaltenen Befehl überbrachte und den Ausgang des Saalfelder Affaire mitteilte, sichtlich bestürzt und entfernt von Zuversicht zu unserer Kriegsführung.

Als ich in Jena dem Obersten v.Gutschmidt meldete, dass ich meinen Auftrag vollzogen, stattete der Adjutant des Prinzen Louis, v.Nostitz, dem Fürsten Hohenlohe Bericht über das Ende seines Chefs ab. - Ein Unteroffizier vom 10ten Husaren Regiment hatte ihn durch einen Stich in die Brust getötet.

Mein Bataillon stand seitwärts der gegen Weimar aufsteigenden Straße, die Schnecke genannt, an den Weinbergen aufgestellt, wo wir einen merkwürdigen, aber sehr niederschlagenden Anblick hatten. Die vor uns, gegen Weimar hin, teils schon in Position stehenden, teils marschierenden Truppen kamen, von einem panischen Schrecken ergriffen, in voller Flucht den Berg herab und waren erst vor Jena wieder zum Stehen zu bringen. Ein bei Saalfeld blessierter und versprengter Reiter, bei den vordersten Truppen eintreffend und ihnen zurufend: Die Franzosen kommen! soll die Veranlassung dieses Umkehrens gewesen sein. Die größte Verwirrung bezeigten die Stück- und Fuhrwerksknechte (Trainsoldaten existierten noch nicht), die die Stränge durchschnitten, Geschütze und Wagen stehen ließen und davon ritten. In und bei Jena ist die Verwirrung unter dem dort angehäuften Fuhrwerken grenzenlos gewesen. Mehrere Truppenabteilungen kamen dadurch um ihre Equipage und Zelte.

Am 12ten Oktober rückten wir in die Stellung, die das Hohenlohsche Korps auf den gegen Weimar hin gelegenen Höhen, Front gegen Jena, einnahm, während die Hauptarmee sich bei Hassenhausen und Auerstädt, Front nach Kösen und Naumburg, aufstellte.

Mein Bataillon ward nun erst mit 3 anderen zu einer Brigade der Division Niesemeuschel vereinigt, die den äußersten rechten Flügel bildete, und schlug das Zeltlager an der Weimarschen Chaussee auf. Schon 2 Tage waren wir ohne Verpflegung geblieben. Am dritten Fasttage half ein Vorspannbauer, der fortgelaufen war und einen Ochsen im Stich gelassen hatte, aus der misslichsten Not. Das Tier ward geschlachtet und lieferte eine gute Mahlzeit.

Am 13ten fand ein Tirailleurgefecht mit den, sich von Jena auf unsern Höhen nähernden Franzosen statt.

In der Nacht zum 14ten, die an die „der Lützner Aktion" vorhergehende von Wallenstein erinnerte, hörte man, außer dem Anrufen der Feldwachen und dem Gang der Patrouillen, ein dumpfes Getön von der feindlichen Seite, längs des Isserstädter Grundes, wo Napoleon Wege machen und Geschütze auffahren ließ.

Früh, im dicksten Nebel, begann der Angriff auf unser Zentrum, ganz unerwartet für den Fürst Hohenlohe, der nicht glauben wollte, dass mehr als eine französische Avantgarde uns gegenüber stehe. Bis gegen 11 Uhr standen wir ungefähr in unserer Aufstellung auf dem Schnecken-Plateau und hörten nur das Gewehr- und Geschützfeuer der übrigen Schlachtlinie. Als sich aber der Nebel lichtete, erhielt die Division Niesemeuschel den Befehl, an den Isserstädter Grund vorzugehen und dessen Rand nebst der Chaussee zu halten. Hier ward lange ein Tirailleurgefecht mit dem andringenden Feind - Infanterie vom Neyschen Korps - unterhalten, bis die große Überlegenheit unseres Gegners und gegen unsern rechten Flügel anrückende Massen zum Zurückgehen und zu der Aufstellung neben der Chaussee nötigte, wo wir anfangs nur von den feindlichen Batterien, die jetzt auf dem Plateau auffuhren, beschossen wurden. Während uns der, sich nach der Richtung von Weimar entfernende Kanonendonner zu unserer Linken verriet, dass nur der rechte Flügel noch seinen Posten behauptete, aber ganz isoliert war, sahen wir in unserm Rücken Kavallerie auf uns zu kommen, die wir erst für preußische hielten, aber als sie näher kam, an den Fahnen und Roßschweifen für feindliche erkannt ward. Schnell wurden nur teils Karrees, teils Kolonnen formiert, aber diese von der angreifenden Kavallerie auf allen Seiten durchbrochen und nach kurzem aber blutigen Kampfe zu Gefangenen gemacht. Die französische Infanterie, die uns gegenüber gestanden hatte, beim Angriff der Kavallerie laufend herbei kam und sich mit ihr vereinigte, half sehr, dies für uns unglückliche Resultat herbei zu führen.

Mein Bataillon hatte 75 Tote und Verwundete inkl. 5 Offiziere. Der Kommandant, Oberstleutnant v.Gablenz, blieb, durch Säbelhiebe schwer am Kopf verwundet, auf dem Schlachtfeld liegen.

Nachdem mein Bataillon von der Kavallerie durchbrochen war, bildeten sich Trupps, die durch Terraingegenstände, namentlich die tiefen Chausseegräben, geschützt, nach der feindlichen Kavallerie schossen und sie von sich abhielten. Einem solchen Trupp hatte ich mich angeschlossen, als aber die Patronen verschossen waren und wir dem nächsten, bereits mit Wachen umstellten Haufen von Gefangenen zueilen wollten, sprengte ein französischer Dragoner, der vielleicht durch eine Kugel aus meinem Trupp am Kopf verwundet war auf mich zu und, eng vor mir haltend, führte er einen Hieb nach meinem Kopfe, der ihn gespalten hätte, hätte ich ihn nicht mit meinem Degen pariert, den ich mit zerhauenem Stichblatt sinken ließ. Als mein ergrimmter Gegner den Säbel zu einem zweiten Hieb erhoben hatte, sank diese kraftlos nieder und der Reiter, aus dessen Brust Blut strömte, wankte auf seinem Pferde. Ohne das ich es in den Gewirr und Geschrei bemerkt hatte, war ein Schütze aus dem nahen Chausseegraben herbei gesprungen und durch einen glücklichen Schuss mein Befreier geworden. Nun gab ich einem vorbeireitenden Offizier meinen Degen und eilte auf die Masse der Gefangenen zu, kam aber erst glücklich bei diesen an, nachdem mich ein Trupp Infanteristen - heilloses Gesindel - umringt und mir auf unsanfte Weise Überrock, Uhr, Beutel und Feldbinde abgenommen hatten. Vielen Offizieren war es noch viel schlimmer ergangen; denen hatte man auch die Reithosen abgenommen und Ringer von den Fingern gerissen. Der Oberstleutnant v.Gablenz war, ehe man ihn ins Hospital nach Jena gebracht, aller Kleidungsstücke beraubt worden.

Nachdem unsere Eskortierung angeordnet war setzte sich der Zug nach Jena in Bewegung. So kalt die Nacht gewesen - es hatte stark gereift - so heiß schien von Mittag an die schönste Herbstsonne und ersetzte nicht gegen Abend die abgenommene Bekleidung. Aber mit welch trostlosen Gesicht zog ich bei den siegesstolzen Franzosen, die immer noch dem bereits leeren Schlachtfeld zueilten, vorüber! Die kaiserliche Alte Garde war als Reserve aufgestellt. In ihrer Nähe erblickten wir Napoleon in seinem grauen Überrock, mit dem kleinen Hut, auf einem Schimmel - ganz wie er immer abgebildet ist.

Bald nach dieser ernsten Erscheinung trat eine, der französischen Eskorte, lächerliche ein. Wir zogen am Rande eines Hohlweges hin, auf welchem zerschossene und leere Munitionswagen nach Jena zurück fuhren. Auf einen derselben hatte man den, zum marschieren unfähigen,

alten General v.Niesemeuschel gesetzt. Als die vorbei-
kommenden Franzosen das Perückenmännchen erblickten und hörten, es sei ein sächsischer General, riefen sie
einander zu: *ah, voyer le vieux papa saxon!* und lachend
hielten sie an dem Rand, um diesen feindlichen Feldher-
ren zu sehen.

Als wir in Jena ankamen war es bereits dunkel. Wach-
und Biwakfeuer brannten auf den Straßen und an mehreren Punkten brannten Häuser. Die Garde kehrte mit dem
Kaiser in die Stadt zurück. Unsere Mannschaften, denen
auch zum Teil ihre Kittel und Überknöpfhosen abgenommen worden waren, mussten vor der Stadt auf einer
Wiese, das „Paradies" genannt, biwakieren; den Offizieren ward es überlassen sich ein Unterkommen zu ver-
schaffen. Am andern Morgen sollten wir uns um 9 Uhr
auf dem Markt einfinden, um dem Kaiser vorgestellt zu
werden. Da alle Häuser mit Franzosen angefüllt waren,
ging ich ratlos mit meinem Hauptmann und Premierleutnant durch einige Straßen. Ein Sergeant der Grenadier-
garde, der ein Stück Weges uns gefolgt war und unsere
Not erriet, trat an uns heran und frug, ob, im Fall wir kein
Unterkommen für die Nacht hätten, bei ihm und seinen
Kameraden in einem Wachstübchen (galetas) die Nacht
ausruhen und mit ihrem marmite (Feldkesselkost) vorlieb
nehmen wollten? Freudig und dankbar nahmen wir diese
Einladung an und sehr wohltuend war uns die Artigkeit,
Urbanität und Fürsorge, die nicht allein unser Führer,
sondern auch seine vier Kameraden für uns hatten. Sie
bewirteten uns mit einem exzellenten Gericht - Schöp-
senfleisch mit Kartoffeln, welch ein Genuss war dies für
uns Hungernde und Erschöpfte! - und bereiteten uns
eine gute Streu als Nachtlager. Während dem nahmen sie
auch als Soldaten unsere Bewunderung in Anspruch. Ehe

sie sich Ruhe gönnten, putzen und reinigten sie aufs sorg-
fältigste ihre Gewehre, Säbel und Uniformen. Dabei er-
kundigten sie sich nach unserer Bewaffnung und taktischen Einteilung, auch dem Terrain unserer Aufstellung
und der Stärke der alliierten Armee - Fragen, die einem
deutschen Unteroffizier nicht leicht in den Sinn gekommen wären.

Der Kaiser hatte der Garde bereits den von Davout bei
Auerstädt erfochtenen Sieg verkündet, wodurch wir auch
die Niederlage der Hauptarmee erfuhren. Da ihnen unsere gedrückte Stimmung leid tat, suchten sie uns zu trös-
ten und zu erheitern, sagten wir könnten mit Ehren von
dieser Schlacht erzählen, da wir, die letzten auf dem
Kampfplatz, fechtend der Überzahl unterlegen seien.

Gegen die Preußen scheinen die Franzosen, wegen der
Undankbarkeit gegen ihren Kaiser, der immer großzügig
gegen sie gewesen, erbittert zu sein. Von den Sachsen
hatte man ihnen gesagt, dass sie nur von den Preußen
gezwungen, an dem Krieg teilnähmen.

Am andern Morgen bot die Versammlung der Offiziere
auf dem Marktplatz ein tragikomisches Bild dar. Viele, die
bei der Gefangennehmung unentbehrliche Kleidungsstücke eingebüßt, in Jena von die mitleidigen Bürgerfrauen
Saloppen, Schürzen, Pelzmützen erhalten und sich, bei
dem kalten Herbstmorgen, damit bekleidet hatten, waren lächerliche Erscheinungen, während die verwunde-
ten und noch nicht verbundenen Kameraden Teilnahme
erregten. Der Marschall Lefebvre, Elsässer von Geburt,
der ein gräßliches Deutsch sprach, war von Napoleon beauftragt, uns zu ihm zu führen. Er befahl, dass wir uns in
Reih und Glied stellen sollten und da er dies erst nach
den Regimentern, dann nach dem Rang verlangte, wo-

durch Verwirrung entstand, ward er ungeduldig und sagte: „Die Herrn Sachsen mit ihre preußische Exercise können sich nicht einmal rangieren".

Im Saale der kaiserlichen Wohnung angelangt, dauerte es nicht lange, da trat Napoleon, gefolgt von Generälen, Adjutanten pp., betrachtete mit finsterer Miene - einen dämonischen Eindruck bewirkend - scheinend sein Publikum und kündigte uns dann in einer französischen Rede, von welcher jeder Satz übersetzt ward (erst vom Marschall Lefebvre ganz schlecht, dann vom Oberst Rapp ungenügend, zuletzt vom Legationsrat der französischen Gesandtschaft in Dresden, Dumoustier gut und fließend), an, dass, da er wisse, dass unser Kurfürst zum Kriege mit Frankreich durch Preußen gezwungen worden, er Sachsenn nicht feindlich behandele, es in den Rheinbund aufnehmen und die Gefangenen entlassen wolle, wogegen der Kurfürst in Dresden zu bleiben und seine Truppen von den feindlichen abzurufen habe. Einen Brief gleichen Inhalts sendete der Kaiser durch den, sich unter den Gefangenen befindlichen Major v.Funk an den Kurfürsten. Nachdem die Offiziere für sich und ihre Mannschaften schriftlich hatten erklären müssen, in diesem Kriege nicht gegen Frankreich dienen zu wollen, wurden alle mit summarischen Pässen entlassen und kehrten in ihre Garnisonen zurück. Wir fanden bereits am Eingange aller sächs: Orte die Aufschrift: territoire de Saxe, pays neutre.

———

Da ich so nah vom Wohnort meiner Mutter und sehr besorgt um ihr Schicksal war, ihr Haus lag unmittelbar an der Hauptmilitärstraße, so beschloss ich mich von meinen Kameraden zu trennen und erst Naunhofen zu besuchen, ehe ich nach Eilenburg wanderte. Ich schlug dem mir befreundeten Premierleutnant v.Lichtenhayn, der am Arm verwundet war und einiger Pflege bedurfte, vor, mich zu begleiten. Er tat dies gern und wir wanderten spät Abends noch bis Kahla, wo der Apotheker, der uns begegnete, und freundlich einladete, unser Nachtquartier bei ihm zu nehmen. Außer der guten Bewirtung fanden wir eine warme Stube und ein lang entbehrtes Bett sehr wohltuend.

Am andern Morgen setzten wir zeitig unsern - mir so bekannten - Weg durch den schönen Hummelshainer Wald fort, in welchem sich Bauern mit ihrem Vieh verborgen hielten. Als wir vom hohen Waldrande das Oeltal übersehen konnten und uns der Wohnung meiner Mutter näherten, verrieten in dieser die von Vorhängen entblößten Fenster, zum Teil offen und zerbrochen, und die offenen Türen, dass hier geplündert worden. Am Hofe und im Hause fanden wir einen wüsten Zustand. Alle Behältnisse waren zerbrochen und ausgeleert, nur die unbrauchbarsten Sachen lagen auf dem Boden umher. Aus bloßer Zerstörungslust war Porzellan und Glaswerk zertrümmert worden. Im Hofe, namentlich dicht am Holzstalle, hatten Kochfeuer gebrannt, glücklicherweise ohne die Gebäude anzuzünden. Im Dorfe war kein Mensch zu sehen und zu hören, die Bewohner waren geflüchtet. Endlich erblickte ich den alten buckligen Dorfwächter, der, wohl weil ihm nichts genommen werden konnte, zurück geblieben war. Dieser sagte mir, dass meine Mutter sich wahrscheinlich nach dem, von der Straße ab liegenden Lausnitz begeben haben werde. Dort fanden wir sie. Sie hatte schwere Tage verlebt, wohl wegen die Plünderung, als durch die Sorge um ihre Söhne, da sie jeden Kanonenschuss von Saalfeld und Jena hatten hören können, während sie wusste, dass wir uns dort befanden. Ihre Freude, mich gesund wieder zu sehen ward vollständig, als Nachmittags ein Brief von meinem Bruder aus Saalfeld ankam, der berichtete, dass er am 10ten gefangen worden und wohl sei.

Da die Anordnung Napoleons, die gefangenen Sachsen zu entlassen, nicht nach Saalfeld gelangt war, so sollten die dortigen nach Frankreich transportiert werden, wurden aber von Frankfurt a.M. aus zurück geschickt.

Obgleich Lausnitz nur $1/4$ Stunde von der Gera-Saalfelder Straße ab liegt - jedoch hinter einer Höhe, die es verbirgt - waren nur zwei Reitertrupps dahin gekommen, die einige Pferde entführt und sich mit Lebensmitteln und etwa Geld begnügt hatten.

Bei der Flucht meiner Mutter aus ihrem Hause war es ihr gelungen, die wertvollsten Sachen - Papiere, Silberzeug pp. - mit fort zu bringen, aber ihr Verlust durch die Plünderung, namentlich an Kleidern und an Weißzeug (Wäsche) aller Art, woran sie reich war, war sehr fühlbar für sie. Indessen ihr Bruder und ihre Schwägerin halfen aufs freundlichste, ihre häusliche Einrichtung wieder herzustellen.

Da Lichtenhayn und ich nicht wissen konnten, welche Bestimmung unser Bataillon erhalten werde, verweilten wir nur 2 Tage in Lausnitz und wanderten über Gera, Altenburg und Grimma nach unserer Garnison Eilenburg, wo die Ordre eingegangen war, die Mannschaften ohne Beschränkung zu beurlauben. Auf unserer Tour von Naunhofen nach Eilenburg ließen uns die auf der Straße marschierenden Franzosen unbehelligt, doch vermieden wir soviel als möglich die Hauptstraßen.

Überall zeigte sich uns die sächsische Gutwilligkeit. In den Städten und Dörfern, die wir Mittags oder gen Abend passierten, ladeten uns Einwohner, denen wir begegneten, ein bei ihnen einzukehren und ihre Gäste zu sein. Einmal, im Altenburgschen, nahmen wir dies an und fanden bei einem Bauern ein exzellentes Nachtquartier.

Bald nach unserer Ankunft in Eilenburg hatten wir die überraschende Freude, die Bagagewagen des Bataillons, die wir verloren glaubten, ankommen zu sehen. Die Offiziere hatten jeder 40 Pfund Gepäck auf dem Wagen der Kompanie. Mein Diener, der mit meinem Reitpferd und Mantelsack zeitig das Schlachtfeld von Jena verlassen hatte, kam aber ohne beides an. Er erzählte, dass es ihm bei Sangerhausen von den Franzosen genommen worden.

Die Gegenwart bot nun augenblicklich in unserer stillen Garnison nichts dar als eine gedrückte Stimmung. Desto mehr beschäftigte uns die Zukunft. Die nächsten uns betreffenden Ereignisse in einer angenehmen Situation abzuwarten, beschied mir mein guter Genius. Der Besitzer des schönen Schlosses Zschepplin, 1 1/2 Stunde von Eilenburg, Baron Bonder, ersuchte mich, ihm einige Zeit auf dem Lande, wo er mit seiner unverheirateten Tochter allein und jetzt, in Abwesenheit mehrerer Nachbarn, die geflüchtet waren, sehr isoliert lebte, Gesellschaft zu leisten und zur Unterhaltung der, bei den Durchmärschen auf dem Schlosse einquartierten französischen Offiziere, beizutragen. Auch äußerte er, werde er mir sehr verbunden sein, wenn ich als Militär gewissermaßen als Etappen-Kommandant ihm helfen wolle, Kollisionen zwischen den Franzosen und Einwohnern zu beseitigen.

Zschepplin war nämlich eine so genannte „refraichessement"-Station auf der Straße nach Düben, wo durchmarschierende Abteilungen in der Regel nur ein Frühstück bekamen.

Gern nahm ich den Antrag an und ich hatte nicht Ursache, dies zu bereuen. Ich brachte über vier Monate, vom November 1806 bis zum März 1807, sehr angenehm in dem schönen, reizend gelegenen Zschepplin zu. ...

1807 - 1808

Mit dem Monat März kehrte ich nach Eilenburg zurück, wo einige dienstliche Beschäftigungen eintraten. Im Mai erhielt das Bataillon Befehl, die Beurlaubten einzuziehen und in Dresden mit dem Regiment v.Rechten gemeinschaftlich den Garnisonsdienst zu übernehmen. Dieser bestand außer der Besetzung der Wachen im Eskortieren der preußischen Gefangenen aus schlesischen Festungen. An einem solchen Eskorte-Kommando, aus einem gemischten Bataillon bestehend, nahm ich teil. Dasselbe marschierte nach Lauban und brachte 1.500 Gefangene bis Dresden, von wo sie weiter nach Frankreich transportiert wurden. Der Marsch nach Lauban und zurück war mir interessant, weil ich einen Teil der Oberlausitz dabei kennen lernte und einige mir befreundete Kameraden, namentlich Gerstenberg, Biela, Itzstein, trugen bei, die an sich unerfreuliche Expedition möglichst angenehm zu machen.

Sehr interessante und belebte Tage veranlasste die Ankunft des französischen Kaisers, der, nach bei Tilsit geschlossenem Frieden, nach Paris zurück reiste und einige Tage in Dresden verweilte, wo ihn hauptsächlich die Angelegenheiten des Herzogtums Warschau beschäftigten. Unser, durch ihn Königlich gewordener Hof bot alles auf, um ihn festlich zu empfangen und während seines Aufenthaltes zu feiern, durch Hoftheater, Illumination, Feuerwerk, Ball im großen Opernhaus pp. Er besah die Festungswerke, besuchte einige Kunstsammlungen und unerwartet das Kadettenhaus, wo er an unsere Kadetten mathematische Fragen richtete. - In Folge der großen Resultate, die er erreicht - sie waren der Kulminationspunkt seines Glücks - zeigte er sich in Dresden immer freundlich und heiter und hinterließ einen günstigen Eindruck.

Vor Abschluss des Friedens waren die Inf: Regmt: v.Niesemeuschel und v.low und 2 Schwadronen Garde du Corps auf Verlangen des Königs Jerome und Vandamme's nach Oberschlesien marschiert und hatten dort an den Kriegsereignissen teilgenommen.

Unser mobiles Korps, bei dem sich das 1ste Bataillon meines Regiments befand, das der Belagerung von Danzig und der Schlacht von Friedland beigewohnt, war nach abgeschlossenem Frieden in und bei Graudenz postiert.

Nach der Rückkehr der ins Schlesien gestandenen sächsischen Truppen ging mein Bataillon (im September) nach Eilenburg zurück. In Dresden war es in Friedrichstadt einquartiert gewesen, wo mir ein sehr bescheidenes Quartier angewiesen war. In der Restauration und dem Garten des „Bayrischen Brauhauses" war für den Mittag und Abend ein Vereinigungspunkt der Offiziere. Zuweilen gewährten mir Landpartien und sehr heitere kleine Dinners im Hotel de Baverie mit Senfft, Itzstein, Pflugk pp. eine angenehme Abwechslung im Alltagsleben.

Vor dem Ausmarsche aus Dresden ward mir ein, im Gouvernementsbefehl ausgesprochenes - leicht verdientes - Lob zu Teil, dafür, dass ich als Offizier der Seetorwache einen Exzess französischer Soldaten (12 Husaren des 9ten und 10ten Regmt:), die in einem, der Wache nah gelegenen Hause, wo sie ihr Marschquartier hatten, wie im Kriege hausten und sich den herbei geholten Polizisten und Patrouillen mit den Waffen widersetzten, bloß durch bestimmtes Auftreten gegen die, zum Teil betrunkenen, Exzedenten schnell beendigt, zwei derselben, die Gold und eine Uhr aus einem Pulte geraubt, in Arrest gebracht und damit einen gewaltigen Auflauf beseitigt hatte.

Da ich keinen Urlaub bekommen konnte, weil mir das Avancement zum Leutnant und die Versetzung zu dem in Graudenz stehenden 1sten Bataillon bevor stand, so machte ich nur einen zweitägigen Besuch bei meiner Mutter, die ich wieder in ihrem Naunhofer Hause, sehr einfach aber doch wohnlich eingerichtet, fand. Leutnant v.Elterlein begleitete mich bis Klosterlausnitz, wo er Verwandte hatte, hin und zurück.

Kaum war ich wieder in Eilenburg angekommen, so ward ich schon krank am Nervenfieber. In der ersten Periode war ich lange ohne Bewusstsein, als sich aber mein Zustand besserte, fühlte ich sehr das Verlassene meiner Lage, da fast alle meine Kameraden abwesend waren und mein Diener, ein herzloser, böswilliger Mensch, nicht allein auf keine Weise für mich sorgte, sondern auch die nötigste und gewöhnlichste Dienstleistung verabsäumte. Als ich das Bett verlassen konnte, machte ich die Entdeckung, dass er meine Wäsche anzog und mich bestohlen hatte. Später kam an den Tag, dass er vom Jenaer Schlachtfeld mit meinem Pferd und Mantelsack glücklich Merseburg erreicht, erstens verkauft, letzteren sich zugeeignet hatte. - Um meiner Mutter keine Sorge zu machen, hatte ich ihr keine Nachricht von meinem Erkranken geben lassen. Ein guter Arzt (Dr. Franke, Vater der beiden Dr. Franke in Dresden) behandelte mich nach dem Bronnschen System mit gutem Erfolg.

Nachdem ich zum Sousleutnant avanciert, aber noch Rekonvaleszent war, erhielt ich die Ordre, nebst einigen andern Offizieren, mit einem Transport von Geld, Hospital-Gegenständen pp. unter Kommando des Oberstleutnants v.Winkelmann nach Warschau abzugehen, wo unser Korps bereits von Graudenz eingerückt war. Mein Arzt erklärte es unbedingt für untunlich in meinem Zustand im Monat November eine solche Reise zu unternehmen, aber der Wunsch, meine neue Bestimmung zu erreichen, wo noch kriegerische Tätigkeit eintreten konnte und meine Passion zu reisen, Länder und Menschen kennen zu lernen, ließen mir keine Ruhe. Ich schloß mich in Dresden der Transport-Kolonne an und da die Offiziere einen bequemen gedeckten Wagen erhielten, konnte ich füglich die Reise unternehmen, auf der ich mich bald merklich erholte. Vorspann und Verpflegung ward auf den Etappen-Orten geliefert. In Polen fand überall Magazin-Verpflegung, in Brot, Fleisch, Reis und Wein oder Rum bestehend, statt. Bei der Ankunft in den polnischen Städten (Stationen) boten sich Juden als „Faktoren" an, die für Geld alles Nötige für die Mahlzeiten herbeischafften, welche meistens unsere Diener bereiteten. Die Faktoren waren besonders in den, bloß von Juden besetzten Orten nötig, da die Wirte ihrer Einquartierung nicht einmal das Kochgeschirr überlassen wollten, weil es „koscher" war und nicht entweiht werden sollte. Einigemal wurden wir bei Edelleuten auf dem Lande einquartiert, bei denen wir eine ungastliche Aufnahme fanden, während nach uns ankommende französische Offiziere wie willkommene Gäste empfangen, logiert und bewirtet wurden. Fast überall fanden wir Luxus, Eleganz und Ostentation mit Unreinlichkeit und Mangel nötiger Dinge in der häuslichen Einrichtung verbunden. Eine rühmliche Ausnahme machte in Karge das Schloss des Grafen Unach, wo wir in einer liebenswürdigen Familie, in der zwei bildschöne Töchter glänzten, deutsche Lebensweise fanden.

Posen, die einzige bedeutende Stadt zwischen Dresden und Warschau auf dieser Straße, bot einen willkommenen Rasttag. Hier sah man, wieviel Preußen in vieler Hinsicht zur Verbesserung des Zustandes Polens getan hatte.

Unser Verkehr mit den Ortsbehörden auf unserem Marsch gab uns die Gelegenheit, die Polen als höchst unzuverlässige, fast unbrauchbare Geschäftsleute kennen zu lernen. An den Etappen-Orten, wo sich keine französischen sondern polnische Kommissare und Kommandanten befanden, vermisste man die notwendigste Ordnung und vorgeschriebene Fürsorge für die durchmarschierenden oder einquartierten Truppen und Transporte. Gewöhnlich fehlte es an Vorspann, an Gegenständen der Verpflegung und an geregelter Anweisung der Quartiere. Auf Reklamationen und Beschwerden erfolgen unwahre Entschuldigungen und Vertröstungen, die nicht erfüllt wurden. Manche dieser polnischen Behörden versuchten auch durch Brutalität zu imponieren, während andere kriechend höflich waren - zwei Arten des Betragens, die sie zu vereinen und nach Umständen anzuwenden wissen. Von den Bauern lernten wir nur ihre Unterwürfigkeit, ihre Liebe zum Branntwein und die Unreinlichkeit ihrer schlechten Wohnungen kennen, die in manchen Distrikten halb unterirdische Höhlen sind. Schweine und Truthühner sind ihre Haustiere. Weder Gärten noch Bäume umgeben diese Wohnungen.

Die Landstraßen sind hier und da mit Birken oder Weiden - je nachdem der Boden sandig oder sumpfig ist - besetzt. In den morastigen Wäldern fährt man groß Strecken auf erschütternden Knüppeldämmen. Die Wirtshäuser - „Krüge" genannt - der besten Kategorie haben große Stallgebäude, sind aber darauf eingerichtet, dass die

Reisenden alles Nötige (Betten, Lebensmittel, Waschge-
schirr pp.) mitbringen.

In den Städten ist Sonntag Nachmittag Markt, auf dem
die Bauern ihre Vorräte verkaufen. Gegen Abend sieht
man da überall am Rande der Landstraße kleine leere
Wägelchen halten, auf oder neben denen der betrunke-
ne Besitzer seinen Rausch ausschläft. Die elenden Pfer-
chen benutzen der Halt um zu grasen oder vom Laufen
zu ruhen.

Von Posen aus wurden mir die Reise und die Nachtquar-
tiere in erbärmlichen keinen Orten durch einen heftigen
Anfall von kalten Fieber sehr verleidet. Doch dauerte der
peinliche Zustand nicht lange. Ein französischer Militär-
arzt riet mir, vor dem Frostanfall eine Tasse stärksten Kaf-
fe und Zitronensaft zu trinken. Nachdem ich dies zweimal
getan, blieb das Fieber weg und ich langte hergestellt
Mitte Dezember in Warschau an. Von Lowicz aus bedeckte tiefer Schnee die weiten Ebenen des Weichseltals.

Ich war der Kompanie meines früheren Protektors Schönfeld zugeteilt worden, die nebst dem übrigen Bataillon,
dem Regiment Anton und Max in der hübschesten Vorstadt Warschaus „novi swiat" (Neue Welt) einquartiert
war. Paläste, zum Teil verfallen, mit Hütten untermischt
bildeten eine lange Straße, die nach Lascienka, dem reizenden königlichen Lustschloss, führte und auf der sich
auch die Kasernen des 61ten und 65ten franz: Infanterie-
Regiments befanden. Mein Hauptmann hatte sich einen
in der Revolution halb zerstörten Palast, Pionkuwsky, zu
Wohnung gewählt, wo er in einem hohen Parterre-Zim-
mer, selbst in Pelze gehüllt und viel Spirituosen konsu-
mierend, fast erfror. In den Seitenflügeln lag die Mannschaft in ungleich wohnlicheren Kammern. Im Garten

unter Schönfelds Fenster wurden die, in Folge des Feldzugs noch häufig mit Tod abgehenden Leute der Kompanie begraben. Der Belagerungsdienst bei Danzig und ein
angestrengter Marsch bei großer Hitze zur Schlacht von
Friedland hatten große Verluste durch den Typhus verur-
sacht und wirkten leider noch fort. Auch die Gesundheit
Schönfelds hatte gelitten und dadurch war er oft übel-
launig, bitter und unzufrieden geworden. Seine ganze
Liebe hatte sich seiner Kompanie zugewandt. Dieser ließ
er alles zu und nahm Strafbare selbst gegen die Autorität
der Offiziere in Schutz, damit sie nur ihm ergeben sein
solle. Dagegen hasste er und räsonierte auf alle Vorge-
setzten, die seinen Eigenwillen beschränkten. Diese un-
günstige Veränderung seines Wesens hielt mich ziemlich
fern von ihm.

Warschau bot in vieler Hinsicht einen interessanten Aufenthalt dar. Unser König, der (nominelle) Beherrscher
des Herzogtums, nebst der Königin und Prinzess Augusta
war kürzlich hier angekommen und nun bildete der Hof
den höchsten Kontrastpunkt für die vornehme Gesellschaft, die bisher um Marschall Davout, dessen Armeekorps noch in Polen stand, und den Fürst Poniatowsky,
der die polnische Armee organisierte und befehligte, ihre
Spitzen gehabt hatte. Zu bewundern war es, wie schnell
die neuen polnischen Truppen tüchtige Soldaten nach
französischem Muster geworden waren. Dabei zeigte sich
die beste Eigenschaft der Polen: sie sind gute Soldaten.

Unsere Truppen verrichteten den Garnisonsdienst mit
den französischen und polnischen gemeinschaftlich. Dies
und das Beispiel der militärischen Haltung der Franzosen
war den Sachsen nützlich und nötig. General v.Polenz,
der unser Korps kommandierte, und sein Generalstab,
namentlich Major v.Gersdorff und Leutnant v.Langenau,

auch der Flügeladjutant des Königs, Major Thielmann, sorgten dafür, dass mehr zweckmäßige Einrichtungen, namentlich die Unterhaltungsstunden mit den Unteroffizieren und Soldaten über dienstliche und andere militärische Gegenstände und die Übung aller Infanterie-Mannschaften im Tiraillieren-Exerzieren der Schützen. Letzteres ward mir als Schützen-Offizier für alle Kompanien des Bataillons übertragen.

Die tägliche Wachparade auf dem sächsischen Platz vereinigte Hunderte von Offizieren der drei Nationen und war zumal Sonntags imposant, wo außer der Wachmannschaft noch andere Truppenabteilungen paradierten, unter denen die für Napoleon errichtete Ulanen-Garde, schön beritten, allgemein gefiel. Gewöhnlich wohnten der Marschall Davout und der Fürst Poniatowsky der großen Parade bei. Vor dem Abmarsch der Parade schlugen gegen 100 Tambours die roulements (Wirbel) und beim Defilieren ertönten von den Musikchören, abwechselnd, die National-Märsche.

Dem Warschauer Aufenthalt verdanke ich größtenteils mein schnelles Avancement bis zum Major, indem ich dort den nachmaligen Organisateurs der Armee, Gersdorf und Thielmann bekannt und dadurch bei der Formierung des Generalstabes (1810) in diesem als Capitaine angestellt ward. Durch meine Bekanntschaft mit Langenau, mit dem ich in Dresden 1805 in Garnison gestanden und mit dem Gersdorf und Thielmann, seine Talente erkennend, auf einem vertrauten Fuß lebten, ward mir von beiden oft die Ehre zu Teil, zu kleinen Soupers eingeladen zu werden, bei denen ihnen mein stets heiterer, zufriedener Sinn zu gefallen schien und letzterer war bei unseren Offizieren nicht allgemein anzutreffen, da einem großen Teil derselben die neuen Anordnungen und die verlangte größere Tätigkeit im Dienst nicht gefiel.

Bei diesen Soupers wurden viel scherzhafte, aber auch viel militärische und politische Dinge besprochen. Ich konnte manches von innerer Einrichtung und Verhältnissen der französischen Armee erzählen, die mir Offiziere des 61ten Regiments, mit denen ich oft den Abend im Kaffeehause zubrachte, mitgeteilt hatten. Dies Regiment, das lange in Paris gestanden, zeichnete sich durch ein gebildetes Offizierskorps, das viele Individuen aus altadligen Familien enthielt, vorteilhaft aus. Ein Capitaine des Regiments, Namens Wallet, mein Hausgenosse, ein liebenswürdiger Mann, der unter Bonaparte in Ägypten und bei Marengo gefochten hatte, ladete mich einigemal in die ménage (Messe) der Offiziere ein, wo ich den guten, anständigen Ton und die verbindliche Artigkeit gegen mich anerkennen musste.

Napoleon hatte angeordnet, dass das am Zusammenfluss des Bug und der Narew liegende Städtchen Sierock Festung werden solle. Die Warschauer Garnison sendete ein, monatlich wechselndes, Bataillon zur Beaufsichtigung der Arbeiter pp. dahin. Für den Monat März war ein Bataillon Sachsen dazu bestimmt, das aus Teilen dreier Inf: Regimenter formiert und vom Hauptmann v.Seydlitz kommandiert ward. Das Generalkommando übertrug mir die Adjutantenstelle dabei mit dem Auftrag, eine Beschreibung der Festungswerke und eine à coup de real Aufnahme der Gegend zu fertigen und bei der Rückkehr einzureichen. Das schwierigste bei dieser Aufgabe war die Darstellung der projektierten und teilweise im Bau begriffenen Werke. Diese ward mir aber durch die Gefälligkeit des Baudirektors, Ingenieur-Oberst Toll, der mir erlaubte den Festungsplan zu kopieren, sehr erleichtert.

Noch vor dem Abgang von Sirock sendete ich meine Arbeit an den Chef des Generalstabes, Major Gersdorf, ein. Als ich mich in Warschau bei ihm meldete, sagte er mir die schmeichelhaftesten Dinge über meine Terrainbeschreibung nebst beigefügtem Croquis und schloss mit der Versicherung, dass, sobald ein größerer, permanenter Generalstab formiert werde, ich in denselben eintreten solle. Beglückt verließ ich ihn. Das Gersdorf aus Gutmütigkeit gern vergnügte Leute sah und mehr versprach, als er halten konnte - vielleicht auch wollte - sah und hörte ich erst später. Bei der Formierung des 1809 zur österreichischen Campagne bestimmten Korps hatte er soviel gegebene Anwartschaften auf den Generalstab zu berücksichtigen, dass er sein mit gegebenes Versprechen nicht erfüllen konnte.

Obgleich Sirock ein erbärmlicher Ort ohne alle Hilfsmittel war, brachte ich meine Zeit doch angenehm und vergnügt dort zu. Die französischen Offiziere, die schon länger hier standen, waren großenteils vortreffliche Kameraden, die uns gern kommen sahen und einrichten halfen; mit ihnen brachten wir die Abende bei einem Glas Punsch gefällig zu. Vormittags beschäftigten mich meine Arbeiten und nachmittags wurden zuweilen auf Vorspannwägelchen Exkursionen zu benachbarten Geistlichen gemacht, die hübsche so genannte Lousicen hatten. Wir brachten ihnen Punsch-Materialien mit, wofür sie uns gern mit Kaffee bewirteten, der in Polen überall zubereitet wird.

Für unsere einfachen Tafelrunden holten mehrere der sächsischen Offiziere die, außer den gelieferten, nötigen Lebensmittel einmal wöchentlich in der galizischen Grenzstadt Radczimin, wo eine halbe Schwadron Kaiser-Husaren stand, deren Offiziere uns immer aufs freundlichste aufnahmen. Eines Tages kam ich in einem üblen Aufzug dort an. Ich ritt mit meinem Hauptmann Seydlitz dahin und beim Durchreiten eines morastigen Baches legte und wälzte sich mein Pferd und bedeckte mich dermaßen mit Schlamm, dass die Farbe meiner Uniform kaum mehr zu erkennen war. Die Offiziers in Radczimin nahmen sich aber meiner an, liehen mit trockene Kleidung und ein heiteres Diner nahm ich im Husarenpelz ein.

Da mein Diener gut kochte, so war für unsern - Seydlitzens und meinen - Tisch leidlich gesorgt, aber unsere gemeinsame Wohnung ließ viel zu wünschen übrig. Keine Vorsicht schützte vor dem polnischen National-Ungeziefer - den Läusen.

Des Nachts holten die Wölfe die auf die Straßen geworfenen Knochen und Abfänge hinweg. Ein Fleischer, dessen Hausumgebung vorzugsweise von ihnen frequentiert ward, schoss einige schöne Exemplare. Der Förster des Distrikts, ein Deutscher, erbot sich, den Offizieren eine Wolfsjagd in dem nahen Walde anzustellen. Wer Jagdlusthaber war nahm, zum Teil mit französischen Infanterie-Gewehren bewaffnet, daran teil. 100 Soldaten dienten als Treiber. Wir fanden unzählige Fährten, aber die Jagd blieb ohne Erfolg. Die Wölfe hatten sich in die Sümpfe an der Narew zurückgezogen, in die wir ihnen nicht folgen konnten.

Der Eisgang des Bug und der Narew gab der Umgebung von Sierock ein wildes Ansehen. Enorme Eis- und Wassermassen, Bäume und Trümmer von Gebäuden mit sich führend, überschwemmten die, nur durch das hohe rechte Ufer begrenzte, Niederung so weit das Auge reichte.

Auf den Gipfeln der Weiden suchten Massen von wilden Enten ein Asyl.

Zu Ostern war der kirchliche Gottesdienst in der Nacht vom Heil-Abend zum ersten Feiertag recht feierlich. Am Ostermorgen ist Gebrauch in den Familien mit denen man bekannt ist, Besuche zu machen und an dem bereit stehenden Frühstück, aus Eiern, Kuchen, gebratenen Spanferkel und Wutky (Schnaps), teilzunehmen. Ich versäumte daher nicht bei einigen Bekannten (Ortsbehörden) zu frühstücken und viele Küsse dafür zu empfangen.

Eine Verlobungsfeier war das letzte bemerkenswerte des Sierocker Aufenthalts. Der Postmeister landete den Hauptmann Seydlitz und mich nebst einigen französischen Offizieren zur Verlobung seiner Tochter mit einem Gutsbesitzer ein. Beim Mittagessen wurden zahlreiche Gesundheiten aus immer größer dargereichten Pokalen getrunken, von denen der letzte eine ganze Flasche Wein (weißer Ungarnwein) fasste. Dem Nötigen und Bitten des Wirts und der übrigen anwesenden Polen, jedesmal auszutrinken, war nicht zu widerstehen, keine Weigerung oder Entschuldigung ward angenommen. Daher verließ die ganze, aus 20 Personen bestehende, Gesellschaft das lange dauernde Gelage im betrunkenen Zustand, der jedoch bei den meisten nach einem kurzen Schlafe ziemlich vorüber war. Nun folgte nach dem Kaffee eine kolossale Punsch-Bowle der anderen. Glücklicherweise konnte man sich dabei zurückhalten, da nicht das Nötigen, aber die Beaufsichtigung aufgehört hatte. Als nach dem Souper gegen Mitternacht die meisten Gäste nur noch lallten, gelang es mir mit meinem Gefährten Seydlitz, dessen Kopf sehr schwer geworden war, glücklich nach Hause zu entkommen.

Nachdem ich nach Warschau zurück gekommen war, bot der Eisgang der Weichsel ein großartiges Schauspiel dar. Seit dem Zufrieren des Flusses war die nach Praga führende Schiffsbrücke in Sicherheit gebracht worden. Diese wichtige Kommunikation blieb mehrere Tage unterbrochen.

Während der Wintermonate fanden in Warschau glänzende Feste und Vereinigungen statt. Am glänzendsten und zahlreichsten waren die Bälle Assemblien im königlichen Schloss, wo viele der, aus allen Provinzen herbei gekommenen Starosten durch ihre pittoreske National-tracht und eine Menge Frauen durch Schönheit und Grazie die Aufmerksamkeit auf sich zogen. Uniformen aller Art trugen zu dem Glänzenden und Bunten des Bildes, das die Gesellschaft darbot, bei. Im Theater ward abwechselnd französisch und polnisch gespielt, auch wurden Opern gegeben. Große öffentliche Bälle - wielky-Bälle genannt - waren sehr besucht, doch nicht von anständigen Frauen, da eine weit gehende Lizenz dort herrschte.

Mir war das Zusammenleben mit zwei Freunden, die ich schon im Kadettenhause lieb gewonnen: Zedlitz und Sahr, die größte Annehmlichkeit in meinem Warschauer Leben. Wir unternahmen alles gemeinschaftlich, aßen Mittags mit der Mehrzahl der sächsischen Offiziere im Hotel de Dresde oder zu Hause, wo zuweilen unsere Diener sächsische Gerichte bereiteten, besuchten zu Schlitten oder zu Pferd markante Orte der Umgegend, Klöster pp. und brachten die Abende abwechselnd in der großen Welt oder mit einigen nähren Bekannten zu. Zu letzteren gehörten auch einige liebenswürdige französische Offiziers, die wir immer im Kaffeehaus am sächsischen Platz fanden. Für die Bälle, auf denen meistens französische

Contre-Tänze und Masurka getanzt wurden, Tänze die uns ziemlich fremd waren, hatten wir uns durch Tanzstunden vorbereitet, die uns ein französischer Sergeant - Tanzmeister von Metier - erteilte und von denen meine Wirtstöchter mit profitierten. Für die Spazierritte stand mir immer das Pferd meines Premierleutnant v.Bünau zu Gebote, der, wie damals viele Sachsen, krank am Heimweh war. Ohne es zu ahnen, vermehrte ich eines Tages sein Unwohlsein bis zu einem Fieberanfall, indem ich ihm bei einem Besuch, den er bei mir machte, auf einer eben gekauften Karte die Marschroute zeigte, auf welcher Napoleon, mit Rußland alliiert, die Engländer in Ostindien angreifen wolle, wobei die in Polen stehenden Truppen an der Spitze marschieren würden. Von diesem Projekt war damals viel die Rede.

Da ein sächsisches Truppenkorps noch längere Zeit im Herzogtum Warschau stehen bleiben sollte, so ordnete der König eine Ablösung des dort befindlichen an. Während eine Division von circa 6.000 Mann dazu aus Sachsen aufgebrochen war, setzte sich die heimkehrende in zwei Kolonnen über Breslau und Posen dahin in Marsch. Für die über Breslau gehende ward Langenau, für die Posener ich vorausgesendet, um auf den Etapp-Stationen mit den Platzkommandanten und Verpflegungsbeamten die Bequartierung, Verpflegung, Vorspann pp zu regulieren und den Kolonnen-Kommandanten darüber zu berichten. Einige lebhafte Differenzen mit polnischen Behörden abgerechnet, fand ich keine Schwierigkeiten bei meinem Geschäft, das sich in Guben, wo ich die Kolonne mit meinem Bataillon erwartete, beendigte.

Schönes, warmes Maiwetter begünstigte meine Reise, auf der ich täglich zwei Stationen in einem Vorspannwägelchen zurücklegte. Im Frühjahr ließ das frische Grün selbst reizlose Etappen freundlich erscheinen und die Wälder, durch den Gesang unzähliger Vögel, vermutlich die Nachtigallen, belebt, durchfuhr ich mit großem Vergnügen. In Guben, wo die Frauen und Töchter der Offiziere des Regiments Sänger ihre Männer und Väter erwarteten, ward ich als ein Bote der baldigen Ankunft aufs freudigste aufgenommen.

Auf dem Marsch von Guben nach Leipzig zeigte man überall den weit entfernt gewesenen, glücklich heimkehrenden Landsleuten freudige und sorgliche Teilnahme. Einladungen nach allen Seiten fehlten nirgends. Für mich war die eigentümliche Passion meines Hauptmanns, seine Kompanie Abends bis spät in die Nacht in der Schenke tanzen und trinken zu lassen, beschwerlich. Um seine Gunst nicht zu verscherzen, musste ich selbst mittanzen und bis zum Schluss aushalten, bei welchem die ganze Versammlung die freimaurerische Kette bildete und in Schönfelds Gesang eines Liedes einstimmte, dass er in einer Redoute vor Danzig gedichtet hatte.

In Leipzig wurden wir festlich empfangen. In Bodens Garten war für Offiziere und Mannschaft ein Bankett bereitet, wobei städtische Behörden auf die aufmerksamste und herzlichste Weise die Honneurs machten. Später gab der Magistrat den Offizieren noch ein lukullisches Diner. Die Leipziger waren seit dem Krieg von 1806 und 7 in ihrem Benehmen gegen das sächsische Militär höchst vorteilhaft verändert.

Wenige Tage nach unserm Einrücken in Leipzig erhielt ich den Befehl, nach Borna zur Übernahme des dortigen Etapp-Kommandos abzugehen, von welchem der bisherige Kommandant abgerufen ward. Ich verdanke diesen mit ziemlicher Selbstständigkeit, Zulage und einer Pfer-

de-Ration verbundenen Posten meinem Regiments-
Kommandanten, Obersten von Hartitzsch, der mir in
Warschau seine Gunst zugewendet hatte. Derselbe war
zum Chef der Etappen des Leipziger Kreises ernannt worden. Ohne zu zögern kaufte ich mir ein Pferd - einen hübschen polnischen Rappen, der aber nicht gut aufsitzen
ließ - und ging nach Borna ab, das damals sehr wenig
Annehmlichkeiten darbot. Garnison war nicht vorhanden. Zwei Unteroffiziere und 12 Mann vom Regiment König versahen den Etappendienst.

In den ersten Wochen nahmen viele Durchmärsche meine Tätigkeit in Anspruch, später kamen nur wenige kleine
Abteilungen nach und durch Borna. Ich hätte mein Etap-
pengeschäft, dass in der letzteren Zeit sehr unbedeutend
war, mir noch erleichtern können, wenn ich die in Leipzig
und Altenburg ausgestellten oder visierten Marschrouten
mit Anweisungen auf ungehörige Verpflegung oder Vorspann unbedingt respektiert hätte. Mich auf die vom Ma-
jor-général Berthier und dem General-Intendanten Daru
erlassenen Reglements stützend, bewilligte ich, im Interesse unseres Landes, nur, was recht war. Dadurch hatte
ich aber mehrmals heftigen Streit mit den Abteilungs-
Kommandanten. Einige derselben schickten Boten mit
einer Klage über mich nach Leipzig, wo die Zentralbehör-
de so schwach war, mich anzuweisen, ausnahmsweise
alles nach der französischen Marschroute zu bewilligen.

Je mehr die fremden Besuche meiner Station sich ver-
minderten, je mehr konnte ich von der angenehmen
Nachbarschaft Bornas profitieren. Zu dieser gehörte vornehmlich für mich das nur $1/4$ Stunde entfernte Kessels-
hayn, dem Kammerherrn Altrock gehörig, dessen reizende ältere Tochter mich sehr anzog; ferner Breitingen, wo
die Familie v.Bose viel Güte für mich hatte; dann Hei-

nersdorf, das Herr v.Bachof bewohnte, mit dem ich, während er in Leipzig studierte, näher bekannt geworden war. Er hatte sich mit einer Frl. v.koppenfels, die, liebenswürdig, ungewöhnlich gebildet und sehr hübsch, sein Haus zierte, verheiratet. Ihre Mutter, geb. Kutschenbach, eine lebenslustige, geistreiche Frau, hatte früher mit meinen Eltern in Verbindung gestanden, konnte mir daher viel mich Interessierendes aus alter Zeit erzählen. In Breitingen stand ich in besonderer Gunst bei einer alten reichen Tante der Frau v.Bose, der ich die größte Aufmerksamkeit widmete, um sie günstig für einen Freund aus der Kadettenzeit, den Leutnant v.Oertzen von Clemens Dragoner, zu stimmen, dem die Hand der schönen Tochter des Hauses, um die er sich bewarb, nicht leicht ohne die Zustimmung und Unterstützung dieser Tante zu Teil geworden wäre. Oertzen besuchte ich zuweilen in seiner Garnison Lausigk, wo sich einige durch Geist und Kenntnisse ausgezeichnete Offiziere befanden. Vom Kommandanten des Regiments, Generalmajor von Senfft, erhielt ich eine Einladung nach Grimma zum Diner und Vogelschießen, wobei sich das ganze Offizierskorps des Regiments einfand.

Vom Aufenthalt in Borna selbst habe ich noch zu erwähnen, dass der freundschaftliche Umgang mit dem wahrhaft liebenswürdigsten Doktor Angermann - dem hervortretendsten der dortigen Honorationen - viel Wert für mich hatte. Die Abende brachten wir oft in dem bescheidenen Gesellschaftslokale, im dicksten Tabakrauch bei einer Partie Whist zu, das ich hier lernte, aber dabei sah, dass mir Esprit dessen gänzlich fehlte. Die schickste Seite des Bornaer Lebens war der Mittagstisch. Im besten Gasthof, dem „Hecht", ward mir und dem Aktuar Bachmann, der zu meinem Troste mit mir dinierte, in einem Verschlage neben der Gaststube, Fuhrmannskost zu Teil.

Ein Befehl Napoleons, die sächsische Armee in zwei Lägern bei Dresden und Bautzen (als Demonstration gegen Österreich) zusammen zu ziehen, machte meinem Bornaischen Aufenthalt ein Ende. Ich ward vom Etappen-Posten abgelöst und marschierte mit meinem Bataillon in das Sporwitzer Lager bei Dresden, wo die Hälfte der Armee, die 1ste Division unter Kommando des Generals von Zezschwitz den Monat Oktober marschfertig, aber nicht mobil, stehen blieb, exerzierte und manövrierte, dann noch 14 Tage zwischen Pirna und Dippoldiswalde kantonierte und, da Frieden blieb, wieder in die gewöhnlichen Garnisonen einrückte. Ich hatte als ältester Schützenoffizier der Brigade, welcher mein Bataillon im Lager zugeteilt war, das Kommando der Schützen, das bei den Manövers mit großer Anstrengung verbunden war, da wir oft der Kavallerie große Strecken im Trab folgen mussten. Mein Signalist bekam einen Blutsturz. Ein gut entworfenes und eben so gut ausgeführtes Manöver, mit Flußübergang bei Pillnitz, beendigte die Übungen der 1sten Division.

Bei gutem Wetter war das Lagerleben sehr angenehm und gesellig. Ein Dresdner Restaurateur hatte ein großes Zelt errichtet, in dem gespeist, gespielt, getanzt ward. Zahlreicher Besuch aus Dresden fehlte nicht. Ich brachte oft den Abend bei mir befreundeten Offizieren des Garde-Kürassier-Regiments - Rudolph v.Schönberg, Sahr, Below - in ihren Kantonierungsquartieren zu oder machte mit ihnen Exkursionen nach hübschen Punkten der Umgegend, wobei mir mein Pferd zu statten kam.

Mitte November rückten wir wieder in Leipzig ein und ich übernahm abermals das Etapp-Kommando in Borna. Während des dortigen Aufenthaltes eröffnete sich mir eine neue Sphäre der Geselligkeit: Dr. Angermann führte mich in Altenburg in die Loge „Archimedes" ein, wo ich als Freimaurer mit allen hergebrachten abenteuerlichen Proben und Zeremonien aufgenommen ward. Da die Loge fast alle gebildeten Männer Altenburg und der Umgegend in sich vereinte und freundliche, mit Seiten interessante Berührungen brachte, so konnte ich den getanen Schritt, zu dem ich mich schwer entschloss, nur als Gewinn betrachten, aber als ich später andere Logen - namentlich in Paris - mit nicht so gut sortierten Brüdern kennen lernte, mich das Formenwesen sehr langweilte und ich mir sagen musste, dass in unsern Zeiten für den eigentlichen guten Zweck der Maurerei kein Geheimnis nötig sei, ließ ich meine Kelle für immer ruhen. Im Monat Dezember führte die Schlittenbahn Wintervergnügungen herbei. Bälle in Altenburg und Lausigk, wo sich alle meine Bekannten der Umgegend einfanden.

Gegen Ende des Jahres hörte Borna auf, Etapp-Station zu sein und ich kehrte nach Leipzig zurück. Nun ward mir endlich der längst gewünschte Urlaub zu meiner Mutter auf 2 Monate gewährt. Die Reise machte ich zu Pferd und zwar bei großer Kälte. Die Freude, meine Mutter und meinen Bruder, den ich bei ihr fand, nach langer Trennung wieder zu sehen, ward durch den Schmerz getrübt, meinen Onkel nicht mehr in Lausnitz zu finden. Seit Kurzem ruhte er im Grabe. Im Mader'schen Hause hatte sich die jüngste Tochter verheiratet und ward sehr vermisst. Das ruhige, gemütliche Leben im Kreise der Verwandten war mir so angenehm und wohltuend, dass ich auswärtige Einladungen, u.a. zu Bällen in Neustadt und Pösneck, nicht annahm. Mein Bruder und ich hatten hinreichende Unterhaltung durch die Jagd und durch die Schlitten-bahn, für die mein Pferd aufs beste brauchbar war.

1809

Ende Februar kehrte ich nach Leipzig zurück. Der Krieg zwischen Frankreich und Österreich schien unvermeid-lich. Die französische Armee war größtenteils in einem hartnäckigen Kampfe in Spanien und Portugal beschäf-tigt. Dies wollten England und Österreich benutzen, um Napoleons Gewaltstreichen ein Ende zu machen oder Grenzen zu setzen. Die Österreicher rückten in Bayern ein, das als Rheinbundstaat mit Frankreich verbündet war und die Feindseligkeiten begannen. Während dem ward auf Anordnung Napoleons unser Hilfskorps, 20.000 Mann, bei Dresden zusammen gezogen, mobil gemacht und in 2 Divisionen formiert, von denen die 1ste dem spe-ziellen Kommando des Korps-Kommandanten, General v.Zezschwitz, untergeben ward, die 2te den Generalleut-nant v.Polenz zum Kommandanten erhielt. Jede Division bestand aus 2 Brigaden Infanterie und 1 Brigade Kavalle-rie nebst 3 Batterien. Chef des Generalstabes war Oberst v.Gersdorf. Die Brigade des Generals v.Hartitzsch, meines bisherigen Regiments-Kommandanten, der mich bei sei-ner Ernennung zum Brigadier zum Adjutanten wählte, gehörte zur 1sten Division und bestand aus dem Garde-und 2 anderen Grenadier-Bataillons und dem Regiment König (2 Bons). Die Kantonierung derselben war in den Dörfern an der Pirnaischen Straße, Leuben, Groß-Dobritz pp. Vor dem Ausmarsch traf der Marschall Bernadotte, Prinz von Ponte-Corvo, in Dresden ein und übernahm den Oberbefehl über unser, das 7te Armeekorps bildende, Kontingent. Des Prinzen Chef des Generalstabes war der, später als Marschall berühmte, General Gérard, der sich unsere vollste Achtung erwarb.

Die zum Feldzug bestimmten sächsischen Truppen waren vom besten Geiste beseelt, d.h. sie strebten, ihre Schuldigkeit zu tun und sich einen guten Namen zu machen. Die jüngeren Offiziere sahen in dem Krieg die Gelegenheit sich Erfahrung, Ruhm und Orden zu erwerben. Man bedauerte, dass der Krieg Österreich galt, aber da kein deutsches Reich mehr existierte, dies wieder herzustellen unter den bestehenden Umständen und Verhältnissen eine reine Unmöglichkeit schien und jeder souverän gewordene Staat nur für sein eigenes Interesse zu sorgen hatte, so ergab man sich ins Unvermeidliche.

Feldzug von 1809

Als die österreichische Armee die bayerische Grenze überschritten hatte und die Feindseligkeiten an der oberen Donau und der Isar begannen, erhielt das 7te Korps die Weisung, aus Sachsen zur Hauptarmee Napoleons abzugehen. Der Marsch ging mit einer Avantgarde, die der General Gutschmid kommandierte, über Rochlitz, Altenburg, Gera, Weimar, Rudolstadt, Kranichfeld - wo auf die Nachricht von den Siegen der Franzosen bei Landshut, Regensburg pp. eine mehr südliche Richtung genommen ward - über Schleiz, Wunsiedel, durch die Oberpfalz nach Straubing an der Donau und von hier auf dem rechten Ufer dieses Flusses bis Linz, wo am 10ten Mai ein glänzendes Gefecht mit dem Collowrat'schen Korps und bis zum 20ten Mai eine, die Donaubrücke und die Stadt deckende Stellung eingenommen ward.

Von dem Marsch bis Linz ist wenig Bemerkenswertes zu erwähnen. Bei Rochlitz und bei Adorf veranlasste die Nachricht, dass das in Böhmen von Nostitz formiert wordene Freikorps anrücke, eine Aufstellung, die sich bald unnütz zeigte. - In Weimar war der Prinz Ponte-Corvo nebst vielen sächsischen Offizieren zur herzoglichen Tafel eingeladen. Man bemerkte dabei, dass er sich unter den legitimen Fürstlichkeiten nicht ganz à lunaire befand. - In Rudolstadt, wo ich, wie in Weimar die Ehre hatte, mit dem Prinzen bei Hofe zu speisen, sagte mir die Fürstin: *„als Sie vor diesen letzten Jahres mit Herrn v.Stein bei uns waren, kamen Sie in willkommener Gesellschaft!".* - In der Nähe von Eger hatte eine Rekognoszierungs-Abteilung ein Gefecht mit österreichischen Ulanen, wobei einige unserer Husaren blessiert und gefangen wurden.

In der Oberpfalz, einer größtenteils unschönen, waldigen, morastigen, armen Provinz hatten die Truppen über die schlechte Quartier-Verpflegung sehr zu klagen. Der Prinz Ponte-Corvo, der bemüht war, die Liebe der Soldaten zu erwerben, besuchte oft einzelne Quartiere, äußerte sich höchst unzufrieden mit der Beköstigung der Soldaten, schenkte ihnen Geld und tadelte heftig die herbei gerufenen Offiziere wegen ihres Mangels an Fürsorge. Diese konnten aber der Armut des Wirtes nicht abhelfen und hatten selbst schlechte Quartiere.

In Cham, wo der Rückzug der österreichischen Armee von Regensburg aus durchgegangen war, hatte der Erzherzog Karl die zum Teil in Unordnung gekommenen Truppen wieder formiert.

Der Eintritt aus dem rauen Waldgebirge in das schöne, reiche Donautal bei Straubing ward freudig begrüßt. Bei Passau, auf der Grenze Österreichs waren mehrere kleine deutsche Kontingente, Reußen, Anhalte pp beschäftigt, Verschanzungen anzulegen. Das wir von hier aus feindliches, von der französischen Armee durchzogenes Gebiet betraten, bemerkte man an den ausgeplünderten Ortschaften, aus denen meistenteils die Einwohner entflohen waren. Wo Magazine fehlten, musste nach Lebensmitteln und Fourage weit ausgeschert werden. Die ergiebigste Ausbeute dieser Expeditionen - gelinde Razzias - war Cider (Apfelwein). Wein ward selten mehr gefunden, wohl aber zerschlagene Fässer, deren Inhalt die Keller überschwemmt hatte. Dem Brigadestab meines Generals waren 2 Kavallerie-Ordonnanzen und 1 Unteroffizier der Garde zum Quartier machen, Fourage fassen pp zugeteilt. Wenn letzterer mit einem Wagen und der Begleitung einer Ordonnanz nach Lebensmitteln ausgesendet worden war, kam er nie leer zurück. Er hatte das Talent zu finden und der Koch des Generals hatte das Talent, ein Diner zu bereiten, das selbst für eingeladene Gäste anständig war.

In Efferding, dem letzten Marschquartier vor Linz, sah ich mich genötigt meinem Kollegen - Neffen des Generals - dessen anmaßendes Betragen meine Geduld schon mehrmals auf die Probe gestellt, zu fordern. Als wir früh, vor dem Abmarsch nach Linz (am 17.Mai) mit unsern Sekundanten auf dem, für das Duell gewählten Platz angekommen waren, ertönte von Linz her Kanonendonner. Da nun kein Zweifel war, dass wir in wenigen Stunden dem Feind gegenüber stehen würden, widersetzten sich die Sekundanten unserem Beginnen und bewogen meinen Gegner mir, sein Unrecht eingestehend, die Hand zur Versöhnung zu bieten. Meine Ausforderung hatte die gute Wirkung, dass ich mich seitdem nicht mehr über das Benehmen des, in keiner Hinsicht liebenswürdigen, Kollegen zu beklagen Ursache hatte.

Der erwähnte Kanonendonner veranlaßte den eiligsten Aufbruch und Marsch der in und um Efferding stehenden

1sten Division nach Linz. Um diesen wichtigen Knoten-
punkt von Hauptstraßen mit einer Brücke über die Donau
gegen einen Angriff von der böhmischen Seite zu schützen, war das württembergische Kontingent unter Vandamme hier aufgestellt. Am 17ten Mai früh ward der auf
dem linken Ufer stehende Teil unterhalb der Vorstadt Ur-
fahr von einer Kolonne des Collowrat'schen Korps angegriffen und in einen ungleichen Kampf verwickelt. Da
kam unsere Avantgarde an und, sogleich am Gefecht
teilnehmend, ward das Vordringen des Feindes gegen die
Brücke verhindert. Als unsere 1ste Division in Linz eintraf,
hatte sich das Hauptkorps des Feindes von der Seite des
Pöstlingsberges genähert und bedrohte die Vorstadt Ur-
fahr, die, mit einigen Verschanzungen versehen, den Brü-
ckenkopf bildete. Ohne Verzug ging die Division auf das
linke Ufer über und besetzte, mit den Württembergern
gemeinschaftlich, die Verschanzungen und die vorliegenden Höhen. Der Prinz Ponte-Corvo übertrug dem General
v.Hartitzsch das Kommando des Brückenkopfes. Bald
nach der genommenen Aufstellung erfolgte ein Angriff
auf die Höhen, wo sich ein Teil der Brigade des Generals
befand. Dieser ritt mit mir hinauf, da noch nichts für Ur-
fahr zu besorgen war. Der Feind, vielleicht überrascht
mehr Truppen auf unserer Seite zu finden als er erwartet
hatte, beschränkte sich aufs Geschütz- und Gewehrfeuer,
ohne einen wirklichen Angriff zu unternehmen. Während
wir ruhig zusahen, kam der Prinz, erblickte meinen General und machte ihm eine heftige Szene, dass er seinen
Posten verlassen habe. Er sagte ihm, dies sei das größte
Verbrechen, das ein Soldat begehen könne und er verdiene, ins Depot nach Sachsen gesendet zu werden. Ähn-
lich strenge Verweise bekam nachher ein Bataillon, in
welchem Mannschaften beim Pfeifen und Sausen der,
über ihre Köpfe gehenden Kugeln sich gebückt hatten

und ein Kavallerie-Offizier, der mit seinem Trupp nicht weit genug zwischen den Weinbergen vorging, aus denen er beschossen wurde.

Bis zum Abend ward der Feind zurück gewiesen und unternahm nichts Ernstliches mehr gegen die, durch das 7te Korps verstärkte, Stellung zur Deckung von Linz. Wären seine beiden Kolonnen früh gleichzeitig zum Angriff geschritten, so hätten sie wichtige Erfolge erlangen können.

Während wir 14 Tage in Barackenlägern auf dem linken Ufer der Donau stehen blieben, fielen fast täglich kleine Vorposten- oder Rekognoszierungsgefechte vor.

Da die Aufstellung der Truppen oft verändert ward und die Materialien zum Barackenbau aus entlegenen, schon sehr entblößten Dörfern geholt werden mussten, ließ General Hartitzsch eines Tages, wo es ungewiss war, ob wir auf dem angewiesenen Platze stehen bleiben würden, die Brigade beim schönsten Wetter biwakieren. Als der Prinz am andern Morgen, die Lager bereitend, einen Biwak statt der Baracken fand, nahm er Gelegenheit, seine Fürsorge für die Truppen zu zeigen; er sagte dem General vor der Front (seine französische Rede ward nach jedem Satz übersetzt), dass es unverantwortlich sei, die Truppen ohne Not unter freiem Himmel zu lassen, dass der Mangel an Materialien nicht als Entschuldigung gelte, solange es noch Dörfer gebe, dass es besser sei diese verschwinden von der Erde, als einen Soldaten krank werden zu lassen, endlich dass der General wegen seines Mangels an Fürsorge verdiene zurückgeschickt zu werden. - Und an demselben Tage, wo die Soldaten die Gesinnungen des Marschalls vernommen, wurden, um auch Humanität zu zeigen, die Truppen-Kommandanten durch den Tagesbefehl dafür verantwortlich gemacht, dass bei

Aussendungen nach Stroh und Holz das übrige Eigentum der Einwohner aufs strengste respektiert werde.

Mein General brachte sich und seine Brigade unnötig um einen Teil der nächtlichen Ruhe, in dem er täglich mit Tagesanbruch unters Gewehr treten ließ, weil, wie er behauptete, alle Überfälle bei Tagesanbruch stattfänden und die Vorposten schnell zurückgetrieben werden könnten.

Das Eigentum der Einwohner ward am wenigsten von den rohen Vandamme beachtet. Linz und die Umgegend wurden für seine vielen Bedürfnisse in Kontribution gesetzt. Seine Bekanntschaft machte ich, indem ich ihm über das Resultat einer Rekognoszirung Bericht zu erstatten hatte. Er verlangte, dass am nächsten Morgen ein verschanzter feindlicher Posten angegriffen werden solle. In seiner gemeinsten Soldatensprache fügte er hinzu: mais choisissez - als Anführer - un boucre [= bougre] qui se fout d'un coup de feu![2]

Am 31sten Mai ward das 7e Armeekorps, das sich durch die franz. Division Dupas verstärkte, von französischen und bayerischen Truppen bei Linz abgelöst und wir marschierten auf der nach Wien führenden Straße weiter über Ebersberg, Ems, Amstetten nach St. Pölten, wo ein längerer Halt eintrat, weil Napoleon nach der am 21sten und 22sten Mai bei Aspern verlorenen Schlacht zu den Vorbereitungen für eine zweite Zeit brauchte und der Mangel an Lebensmitteln eine vorzeitige Konzentrierung bei Wien nicht gestattete.

---

[2] „Aber wählen Sie - als Anführer - einen Halunken, der sich nichts aus einem Schuss macht." Wobei „bougre" (wortwörtlich Kerl) in diesem Fall mit „toller Kerl" zu übersetzen wäre. Vielen Dank dafür an Oliver Schmidt.

Ebersberg, wo die 700 Schritt lange Brücke über die Traun, noch mehr aber der Ort selbst von den Österreichern heldenmütig verteidigt worden war - sie zogen sich mit 1 Adler und 700 Gefangenen, die sie dem Feinde genommen hatten, nach Enns zurück - bot noch gräßliche Spuren des Kampfes dar, der mit dem Brand der Stadt geendigt hatte. Eine große Zahl Verwundete waren dabei verbrannt.

Auf dem Marsch nach Amstetten, wo die 1ste Division Mittags eintreffen und den von den tüchtigen Märschen, Hitze und Staub ermüdeten Truppen ein Rasttag zu Teil werden sollte, erhielt der Prinz eine höchst vertrauliche Meldung: ein sächs. Detachement, bestehend aus dem Grenadier-Bataillon Hagke und 2 Schwadronen Carabiniers, das zu einem Streifzug gegen Steyer hin ausgesendet worden und am vorigen Abend bei Amstetten, wo es sich wieder mit dem Korps vereinigen sollte, eingetroffen war, war dort in der Nacht von einer, vom linken Donauufer gekommenen Kavallerie-Abteilung unter Oberst Scheibler überfallen worden und hatte dabei nicht unbeträchtlichen Verlust erlitten, der noch viel größer gewesen sein würde, wenn nicht durch die Entschlossenheit des Leutn. v.Seydlitz, der mit einer halben Schwadron erst in der Nacht nachkam und als er das Schießen in der Stadt hörte mit Möglichsten bruit de guerre hereingesprengt und den Feind überrascht und vertrieben hätte. Es stellte sich heraus, dass die Einwohner den Überfall der ermüdeten Sachsen veranlasst und auf alle Weise begünstigt hatten. Beim Alarm fanden letztere größtenteils die Stalltüren versperrt, Haus- und Hoftüren verschlossen u. dergl. m.

Nachdem dies verräterische Betragen nach der Ankunft der Division in und bei Amstetten bekannt ward und sächs. Montierungsstücke, Waffen pp. in den Häusern gefunden wurden, war die zornige Aufregung unserer Soldaten nicht zu beschwichtigen; Bürger und Bauern, die man für Anführer und Teilnehmer des Überfalls oder für Spione hielt, wurden mißhandelt und in der Stadt, wo sich Hauptmagazine befanden, entstanden Feuersbrünste - da sah sich der Prinz genötigt, den sofortigen Aufbruch und Weitermarsch anzuordnen.

Dieser Aufbruch kam mir sehr unerwünscht. Ich bedurfte Ruhe und Schlaf, da ich in den letzten Tagen nach bei größter Hitzen und erstickendem Staub zurückgelegten Märschen, Abends stundenweit den Tagesbefehl im Hauptquartier geholt und spät zurückgekommen, nur wenige Stunden geschlafen hatte. Einer ruhigen Nacht sah ich froh entgegen. Mein Freund Gerstenberg hatte auf dem Heuboden eines Vorwerks, wo unsere beiden Generale einquartiert waren, ein gutes Nachtlager bereiten lassen, auch war schon ein Bad bestellt - da kam der Befehl zu einem leidigen Nachtmarsch! Er ward Abends angetreten. Peinigend war mir dabei das Bedürfnis des Schlafes. Reitend und gehend schlief ich ein. Nach einigen Stunden gewährte mir glücklicherweise ein heftiges Gewitter mit strömendem Regen die nötigste Erholung. Die Kolonne machte Halt und sogleich legte ich mich in einen Chausseegraben - mich den Augen meines unruhigen Generals verbergend - und schlief wie tot. Als ich geweckt ward, schwamm ich in Wasser, aber ich war gestärkt und konnte nun frisch den Marsch fortsetzen.

In St. Pölten ward wieder in einem Barackenlager längere Zeit Halt gemacht. Unser Marschall wendete die Muse dazu an, die Truppen im Manövrieren zu üben, wobei Weinberge und Fruchtfelder nicht geschont wurden, und mehrere dienstliche innere Einrichtungen bei den sächsischen Divisionen zu treffen. Es ward eine reitende Batterie formiert, die uns noch ganz fehlte, die Schützen der Inf.-Kompanien wurden in 2 Bataillone formiert und mehrere halbinvalide oder für ihren Posten nicht geeignete Offiziers - an ihrer Spitze der Brigade-General v.Boxberg - nach Sachsen zurückgeschickt, wo das Erscheinen des österreichischen Korps unter General am Ende und des Korps des Herzogs von Braunschweig, die Errichtung neuer Bataillons unter General Thielmanns Kommando nötig gemacht hatte.

Bei dem weiteren Marsche gegen Wien traten noch zwei Halte ein, der erste bei Perschling, der zweite bei Siegertskirchen. Auf beiden Punkten fanden wir Baracken für unsere Läger. Je mehr die zur Schlacht bestimmte Armee sich konzentrierte, je schwieriger und mangelhafter ward die Verpflegung. Fourage fehlte in den Magazinen gänzlich; es musste weit danach ausgesendet und größtenteils grünes Getreide gefüttert werden. Bei diesen Fouragierungen nahmen die Bewohner entfernter Dörfer kleine Abteilungen übel auf, hier und da fielen Schüsse aus den Weinbergen, Büschen pp. auf selbige. Bei St.Pölten wurden 3 unglückliche Bauern, die angeblich geschossen hatten, vor ein Kriegsgericht gestellt und erschossen.

In Perschling und Siegartskirchen ward mein General von seinem Sohn, Major in Württembergischen Diensten, mit ganzen Fässern voller Wein versorgt. Das Württembergische Korps stand in unsere linken Flanke am Donauufer, wo ihnen reiche Klöster noch gute Vorräte darboten.

In Siegartskirchen - nur 3 Meilen von Wien - konnte ich nicht umhin mir Urlaub zu erbitten, die Kaiserstadt zu sehen. Ltn. v.Weissenbach begleitete mich dahin und es glückte uns durch die Gefälligkeit eines franz. Offiziers Zutritt zu der oberen Etage oder Terrasse des Stephanturmes zu erhalten, wo man das ganze Marchfeld mit den österreichischen Lagern übersehen konnte. Zwei Offizier waren hier stationiert, um durch Ferngläser alles was auf feindlicher Seite vor sich ging zu beobachten und zu berichten. - Nach der Rückkehr am Abend rede ich dem General Hartitzsch zu, doch auch die Nähe von Wien zu einem Besuche daselbst zu benutzen, aber er erklärte, er würd es nicht betreten, wenn er nicht müsse. Ob er wohl ahnte, dass er dort an seiner Wunde sterben würde?

Am 3ten Juli endlich rückten wir bis Hütteldorf bei Wien und am 4ten bei Schönbrunn vorbei, über Ebersdorf, wo sich das Hauptquartier des Kaisers befand, auf die Lobau-Insel, die - in friedlichen Zeiten ein Hauptjagdgehege der Erzherzöge - ein französischer Waffenplatz geworden war und vor den Schlachten von Aspern und Wagram den größten Teil von Napoleons Streitkräften aufnahm. Drei Brücken führten vom rechten Donauufer nach der Insel und eben so viel von dieser nach dem linken Ufer, das, zu unserer Verwunderung, bereits von den Franzosen besetzt und mit Verschanzungen vor den Brücken versehen war. Dass der feind das linke Ufer nicht verteidigen, den Übergang nicht zu verhindern suchen werde, hatten wir uns nicht denken können. Unter herrlichem kolossalen Bäumen - Ulmen, Eichen, Eschen - nahm unser Korps den Biwak neben dem Massenaischen. Nachmittags kam Napoleon auf die Insel und die Reihen durchreitend forderte er die französischen auf, am nächsten Tag ihren alten Ruhm zu bewähren. Die Sachsen ermahnte er, sich gut zu schlagen, damit die Schlacht gewonnen und der Krieg beendigt werde, worauf sie direkt durch Böhmen nach Sachsen zurückkehren sollten.

Mir brachte der Biwak auf der Lobau eine große Verlegenheit und Sorge. Mein Dienstpferd - schön, gut und von seltener Ausdauer - verschlug und ward so krank, dass ich glauben konnte es zu verlieren. Das erhitzende grüne Futter und Erkältung am Kampierpfahl nach einem starken Ritt mochten die Ursache sein. Nun hatte ich außerdem nur noch ein junges, nicht völlig rittiges und ein bloß für den Diener brauchbares Pferd und die Schlacht stand bevor! Mit wahrer Seelenangst sah ich mich nun nach einem Ersatz um, aber die überflüssigen Pferde waren bei der Bagage zurückgeblieben und niemand konnte oder wollte sich zu einem Handel verstehen. Endlich überließ mir ein Schützenoffizier ein unschönes, langohriges Tier, das aber gute Gänge hatte und sich in den folgenden Tagen aufs beste bewährte.

Mit der Abenddämmerung (4ten Juli) wurden wir auf eine unschöne Weise der Nähe des Feindes gewahr, den man von der Lobau nicht erblickte. Bei dem, etwas oberhalb der Insel auf dem linken Ufer gelegenen Städtchen Enzersdorf hatte er, hinter leichten Verschanzungen, Batterien schweren Geschützes aufgestellt, aus denen er die auf der Insel angehäuften Truppen beschoß und bewarf. Das Feuer ward vom Inselufer aus und von Kanonenboten auf der Donau beantwortet. Unter einem betäubendem Geschützdonner rissen die Kugeln Äste und Wipfel der Bäume krachend herab oder wühlten in der Erde oder vernichten, unheilvoll, Gruppen der um die Wachtfeuer versammelten Offiziere und Soldaten. Die Feuer wurden bald ausgelöscht, weil sie ein Ziel für die feindlichen Geschütze abgaben. Leider war dadurch die Sorge für die Blessierten verhindert, deren Schmerzensschreie erschütternd waren. Das unheimliche Gewirr vermehrten in hohem Grade die Pferde, die sich losgerissen und wild und angstvoll umher liefen. Um aber das, in seiner Art Grandiose dieser Macbeth-Nacht zu vervollkommnen, brach ein furchtbares Gewitter los, der Sturm heulte und brauste, der Donner mischte sich mit dem der Geschütze und Blitz auf Blitz erleuchtete auf Augenblicke den Himmel und unsern Schauplatz bis strömender Regen allmählich Ruhe herbei führte. Auch aus dem, in hellen Flammen stehenden Enzersdorf hörte das Schießen auf. Der Verlust an Toten und Blessierten zeigte sich, als es Tag ward, unbeträchtlicher, als man hätte glauben sollen. Am übelsten war bei uns ein Musikkorps betroffen worden. Eine Kanonenkugel hatte 7 Mann desselben, die auf einem Erdrande gesessen, getötet oder verwundet.

Mit dem frühesten Morgen des 5ten Juli brach ein Armeekorps nach dem andern nach dem linken Donauufer auf. An den Brücken wachten Generalstabsoffiziere und Gendarmen über die vorgeschriebene Marschordnung, die bei der Kampflust der vorwärts drängenden Franzosen schwer zu erhalten war. Der Feind hatte sich auf der Ebene des Marchfeldes auf die, hinter dem Rußbache, vom Markgraf-Einsiedel bis zur Donau hinlaufenden Höhen zurückgezogen. Nur die vorliegenden Dörfer waren besetzt geblieben und hielten, nebst der dazwischen aufgestellten Kavallerie, unser Vordringen auf. Auf einen Teil der letzteren machten unsere leichten Reiter-Regimenter einen glänzenden Angriff, wobei die Husaren eine feindliche Standarte nahmen.

Unser 9tes Korps, dem das 4te des Vizekönigs von Italien zur Rechten und das Massenaische zur Linken sich befand, ging gegen die Mitte der feindlichen Stellung, erst in Kolonne, dann in Linie vor. Hier trat für mich, als wir in den Bereich der feindlichen Geschütze kamen, ein angstvoller Moment ein. Ich hatte, da die Handpferde nun zurück gelassen wurden, mein Tags vorher gekauftes Pferd, das ich von früh an geritten, der Ordonnanz übergeben und mich auf mein junges, noch nicht im Feuer erprobtes Pferd gesetzt. Dies bewährte Anfangs wirklich seine frischen Kräfte, aber eine vor ihm einschlagende Kanonenkugel, die es mit Erde bewarf, machte es so wild und unlenksam, dass mir nichts übrig blieb, als zu den Handpferden zurück zu jagen, das abgegebene Pferd wieder zu besteigen und in möglichster Eile wieder zur Brigade zurückzukehren. Dabei fürchtete ich aber, dass ich auf dem Wege über die verlassenen österreichischen Barackenlager, die ich zu passieren hatte und die voller Gruben waren, stürzt oder sonst auf eine Art aufgehalten werden könnte und man glauben müsste, ich sei davon geritten. Ich stand peinliche Angst aus bis ich glücklich wieder bei der Brigade ankam, wo meine Abwesenheit um so weniger bemerkt worden war, als es schon zu dunkeln anfing.

Kaum war ich wieder auf meinem Posten, so brachte ein Ordonnanzoffizier des Prinzen - Ltn. Graf Schulenburg - den lakonischen Befehl, das vor uns liegende, brennende Dorf Wagram zu nehmen. Als Schulenburg sein Pferd wendete, um weiter zu reiten, streckte eine Kanonenkugel Mann und Roß nieder. Er blieb, für tot gehalten, liegen, kam aber Abends auf dem Biwak hinkend an, da nur sein Pferd getötet worden und auf ihn gefallen war. - Im Sturmschritt ward der letzte Teil des Weges zu unserm Ziel, in Linie, zurückgelegt. Durch das Überschreiten der, am Eingang von Wagram befindlichen, steinernen Brücke bildete sich von selbst eine Kolonne, deren Spitze kaum in das Dorf eingedrungen war, als der General Hartitzsch, in die Schenkel verwundet, zurück gebracht werden musste. Gleich darauf kam der General Lecoq, in den

Arm verwundet, vom oberen Teil des Orts herab und rief mir zu: „Lassen Sie nicht schießen! Meine Brigade ist vor der Ihrigen und glaubt, sie werde im Rücken angegriffen" Es war aber unmöglich das Schießen in dem nächtlichen Getümmel zu verhindern, da Häuser und Gehöfte noch mit Jägern besetzt waren, die in unsere Masse feuerten und hier und da eindrangen und die österreichische Linien-Infanterie, wie die unsrige, weiß uniformiert war, daher Freund und Feind oft nicht unterschieden wurde.

Auf der Höhe, wo sich der Marktplatz befindet, standen die österreichischen Truppen und Batterien. Das Kartätschenfeuer und die von allen Seiten eindringende feindliche Infanterie hatten schon den Angriff der Brigade Lecoq zurück gewiesen und eben so wurde der durch die Brigade Hartitzsch verstärkte wiederholte Angriff auf die Position des Feindes zurückgeschlagen. Umsonst suchten wir in der Brückengasse halt zu machen. Das Gewirr war aber hier grenzenlos und löste alle taktische Ordnung auf. Wir mussten Wagram verlassen und jenseits der Brücke, auf dem linken Rußbachufer die Formierung wieder herstellen. Dies ging schnell von statten, da der Feind nicht verfolgte. Der vom Prinzen Ponte-Corvo ankommende Befehl, bis Aderklaa zurückzugehen, ward in größter Ordnung ausgeführt. In der Nähe dieses Dorfes brachte die ganze sächsische Infanterie, in einem Karree biwakierend die Nacht zu.

Mein General war nach Wien gebracht worden, so wie der General Lecoq und viele schwer blessierte Offiziere. Ich folgte dem General Hartitzsch nicht dahin, wie die Adjutanten Lecoq, weil ich voraussetzte, dass mein Kollege, der während des Angriffs auf Wagram versendet war, sich zu seinem Onkel begeben würde und weil in dem Moment, wo kein Brigade-Kommando existierte, ein Adjutant zum Zusammenhalten der Abteilungen höchst nötig war.

Nachdem der Biwak geordnet und die Feldwachen - dicht an den feindlichen - ausgesetzt waren, warf ich mich, ganz erschöpft und heißer vom Schreien und Zurufen in Wagram, mit dem Zügel meines Pferdes in der Hand, auf die Erde und schlief fest ein. Als ich am 6ten früh durch Kanonenschüsse, die vom rechten feindlichen Flügel her ertönten, geweckt ward, stand mein treues Pferd mit gesenktem Haupte noch aufgezäumt neben mir. Ehe aufgebrochen ward hatte ich es pafraichiert, indem ich mein Frühstück, Brot, das mir die Soldaten abließen, die auf der Lobau auf 3 Tage damit versehen waren, und Wasser, das in Feldkesseln und Feldflaschen aus dem Dorfe geholt worden, mit ihm teilte. Ich war übel dran, da mein General, der bisher für meine Bedürfnisse gesorgt hatte, mit seinen Leuten nach Wien abgegangen und der ad Interim zum Brigadier ernannt Oberst von Warnsdorf nicht auf Adjutanten eingerichtet war.

Der Befehl zum Vorrücken ließ nicht auf sich warten. Wir marschierten neben dem Korps des Marschalls Massena, diesem näher als am vorigen Tage, auf. Derselbe erteilte seine Befehle in einem offenen Wagen fahrend, weil er an Gicht litt. - Soweit wir sehen konnten, bildeten die unaufhörlich feuernden Batterien die vorderste Schlachtlinie. Das linke Zentrum - unser und das 4te Korps - blieb, während der rechte französische Flügel, Davout, den linken feindlichen Angriff und und gegen Wagram hin aufrollte, vom frühen Morgen bis Mittag - heißt sieben lange Stunden hinter den Geschützen untätig stehen und nur zuweilen eine kleine Distanz vor oder zurück oder seitwärts rückend, die Zielscheibe für die zahlreichen feindlichen Kugeln sein. Hierbei ward der moralische Mut auf die Probe gestellt. Oft wurden ganze Rotten mit dumpfen Krachen niedergeworfen und die Gewehre zerschmettert. Das Stehenbleiben neben den Geschützen war eine fatale Aufgabe! Wie viel lieber hätten wir aktive anregende Angriffe unternommen, die schnell zu einer Entscheidung führen, statt unter solcher Umgebung ruhig den Ausgang der Schlacht abzuwarten. Auf unserm linken Flügel, der bis an die Donau reichte, war mehr Bewegung. Massena ward durch einen energischen Angriff des Feindes in der Nähe des Donauufers weit zurück gedrängt, so dass selbst für die Donaubrücken Besorgnis entstand. Da aber der linke österreichische Flügel gewaltig gedrängt ward und sich im Nachteil befand und Napoleon durch eine Batterie von 80 Geschützen das feindliche Zentrum erschütterte, so benutzten die Österreicher die auf ihrem rechten Flügel erlangten Vorteile nicht und zogen sich in ihre frühere Stellung wieder zurück. Nachdem jetzt die französische Garde-Kavallerie einen gelungenen Angriff gemacht, Napoleon noch Reserven, Erzherzog Karl keine mehr hatte und die italienisch-österreichische Armee unter Erzherzog Johann, die am 5ten schon an der March, bei Marchegg aus Ungarn angekommen war, unbegreiflicherweise dort stehen blieb und nicht zur Hilfe kam, entschloss sich der österreichische Feldherr, den Rückzug anzutreten, der, mit der besten Haltung und Ordnung, ohne Verlust an Geschützen, gegen Znaim dirigiert ward. Napoleon folgte dem Feinde nach Mähren. Nur das 4te und 9te Armeekorps unter dem Kommando des Vizekönigs von Italien blieben gegen den Erzherzog Johann auf dem Marchfeld zurück.

Auf dem Biwak, den wir gegen Abend (6ten Juli) mitten unter Toten bezogen, erwachte erst das Bedauern, so manchen Freund und werten Kameraden verloren zu haben. Am andern Morgen wurden Abteilungen nach unsern Vermissten, die vielleicht irgendwo blessiert zurück geblieben waren, ausgesendet. In Wagram und am Rußbach fand man eine Menge im traurigsten Zustande. Unter denselben den Hauptmann v.metzrad, von der Garde, in einem Hofe zwischen glimmenden Balken der abgebrannten Gebäude. Er war mitten durch die Brust geschossen, lebte aber noch. Er ward nach Wien gebracht und bei der kräftigen Natur dieses kolossalen, schönen Mannes gelang es, ihn wieder gänzlich herzustellen.

Von Einzelheiten der Schlacht kann ich noch bemerken, dass, als man bei dem Vordringen der Österreicher auf unserm linken Flügel einen üblen Ausgang der Schlacht besorgte, durch das Erscheinen Napoleons, der, in seinem grauen Überrock, von einem Bauern zu Pferd geführt, herbei kam und einige Zeit ruhig vor unserer Front hielt, sogleich Vertrauen einkehrte.

Auf eine seltsame Weise büßte ein Offizier des Husaren-Regiments, Ltn. Wagner, sein Leben ein. In dem Augenblick, wo sein unruhig gewordenes Pferd eine Lancade machte, riss ihm eine Kanonenkugel den Kopf ab. Ohne den Luftsprung wäre die Kugel über ihn weg geflogen. Mir kam es zu statten, dass ich nicht mein krank gewordenes, großes Pferd ritt. Eine Kanonenkugel, die am 6ten den Widerrist meines kleinen, neuen Pferdes streifte, hätte das größere getroffen. Ein 14jähriges, erst beim Abmarsch aus Sachsen eingetretenes Offizierssubjekt des Carabinier-Regiments, v.Holleufer, verlor ein Bein durch eine Kanonenkugel. Der junge Krieger ward amputiert und im Hospital zu St. Veit geheilt.

Darüber war nun eine Stimme, dass unser Marschall den Angriff auf das, im Zentrum der feindlichen Stellung gelegenen Wagram, voreilig unternommen und nachlässig angeordnet hatte. Wenn der Angriff gelingen sollte, so musste er ihn selbst leiten und nicht einzelne Brigaden, ohne alle nähere Weisung, in das Dorf schicken.

Auf unserm Biwak war der Geruch von den, durch die Hitze schon in Fäulnis übergegangenen menschlichen und Pferde-Kadavern schon unerträglich geworden, als wir gegen die March hin aufbrachen. Wir marschierten bei dem Hauptquartier vorbei, wo eben ein Offizier mit dem Bericht der Schlacht an den König und ein Feldjäger nach Sachsen abgesehen sollten. Durch letzteren sendete ich einige Zeilen an meine Mutter und diese erhielt sie vor der Zeitungsnachricht von der Schlacht, wodurch ihr eine große Sorge erspart ward.

Den weiteren Marsch setzten wir unter einem neuen Korps-Kommandanten fort. Dies hatte folgende Bewandnis:

Nach der Schlacht am 6ten hatte der Prinz Ponte-Corvo einen Tagesbefehl erlassen, worin er die Taten seines Korps rühmte und von den Sachsen sagte, sie hätten das Zentrum des Feindes durchbrochen. Napoleon, der schon mit dem eigenmächtigen unzusammenhängenden Angriff auf Wagram unzufrieden gewesen sein soll, nahm den erwähnten gascognischen Tagesbefehl, der schnell zu seiner Kenntnis gelangte, so übel auf, dass er dem Prinzen das Kommando des 9ten Korps nahm und nach Frankreich zurück sandte. Der General en chef, Reynier, trat an seine Stelle.

Am 9ten ging Prinz Eugen mit beiden Korps über die March, nachdem Tags zuvor, noch diesseits dieses Flusses, ein Vorpostengefecht stattgefunden hatte. Das Schlagen der Brücken und der Übergang wurden vom

Feinde nicht verwehrt, wir glaubten ihn aber bei Marchegg in Position zu finden, rückten daher in Angriffs-Kolonne, sahen aber keinen Feind. Derselbe hatte sich in der Nacht gegen Preßburg zurückgezogen. Nun ward bei Marchegg gelagert. Noch während die Truppen ihre Stellung hierzu einnahmen, traf die Nachricht von dem in Znaim abgeschlossenen Waffenstillstand ein.

An diesem Tage machten die Truppen die Bekanntschaft des neuen Korps-Kommandanten. Früh, beim Aufmarsch, ließ er die Truppen vor sich defilieren. Er verhielt sich dabei schweigend und kalt, nur an unseren kommandierenden General richtete er zuweilen eine Frage. Dies verschlossene, kalte Wesen, das mit der Lebendigkeit, Gesprächigkeit und stattlichen Persönlichkeit des Prinzen Ponte-Corvo so sehr kontrastierte, gefiel gar nicht, namentlich mißfiel es der Umgebung des Marschalls, der sich denselben gewöhnlich freundlich und verbindlich zeigte; später erwarb sich jedoch Reynier das allgemeine Vertrauen durch seine verständigen, bestimmten, klaren Anordnungen und seine Zuverlässigkeit.

Auf dem Marsch nach Marchegg sendete der Himmel ein Gewitter, wie ich kaum noch eins erlebt hatte. Um und neben uns schlugen unaufhörlich die Blitze ein, verschonten jedoch die Kolonne. Ein tropischer Regen strömte auf uns herab, hinderte aber nicht dass, als bei Siebenbaum eine Herde Schweine einen längst entbehrten, erfreulichen Anblick darbot, Jagd darauf gemacht und einige dieser Tiere erlegt oder gefangen und auf den Bagage-Wagen mit auf den Biwak genommen wurden, wo sie, nach langem Fasten, eine herrliche Mahlzeit abgaben.

Zu Folge der durch den Waffenstillstand festgesetzten Demarkationslinie zwischen den beiden Armeen, hatten sich die Österreicher auf unserer Seite bis hinter Preßburg zurückzuziehen und unser 9tes Korps war bestimmt, diese Stadt und die Umgegend bis Stampfen zu besetzen. Der Kommandant unserer Avantgarde, Gen. Gutschmidt, setzte durch einen Parlamentär den ihm zunächst gegenüber stehenden österreichischen General vom Waffenstillstand in Kenntnis, worauf die gegenseitigen Vorposten mit der Weisung, sich aller Feindseligkeiten zu enthalten, ausgesetzt wurden. Der österreichische General mochte sich aber überlegt haben, dass er durch das, von feindlicher Seite erhaltene, noch nicht von seinem General-Kommando bestätigte Aviso vom Waffenstillstand nicht gebunden sei und versuchte, sich nicht an die getroffene Vereinbarung kehrend, gegen den nun sorglos gewordenen Feind noch einen Coup auszuführen. Durch das Terrain begünstigt, stürzte sich ein Husaren-Regiment, dem 2 Bataillone Infanterie mit Geschütz folgten, auf unsere Vorpostenkette und nahm die zwei vordersten Schwadronen von Prinz Johann Dragonern, die abgesessen waren, gefangen. Die Pferde liefen meistens davon. Die beiden rückwärts stehenden Schwadronen warfen sich aber, ohne sich an die Stärke des in Unordnung gekommenen Feindes zu kehren, mit solcher Energie auf die Husaren, dass diese umkehrten, die Gefangenen im Stiche ließen und einen Teil ihrer Infanterie überritten. Nun waren die im Trabe herbeigeeilten Schützen-Bataillone angekommen. Diese, mit den Dragonern gemeinschaftlich, durchbrachen die beiden Karrees der feindlichen Infanterie, machten eine Menge Gefangene, nahmen ein Kanon und jagten die übrigen in die Flucht. Mit dieser glänzenden Affaire schloß sich dieser Krieg.

Unser König war bestimmt worden, gleich den andern größeren Rheinbundfürsten, während des Krieges einen Militärgesandten in das Hauptquartier Napoleons zu senden, der die Interessen des sächsischen Kontingents vertreten und einen Teil der Geschäfte besorgen sollte, die in den Angelegenheiten des auswärtigen Departements einer Entscheidung des Kaisers bedurften. Für diesen Posten war Langenau bestimmt und zugleich zum Oberstleutnant und königlichen Flügeladjutanten ernannt worden. Er wählte mich zu seinem Adjutanten und verließ mit mir das Hauptquartier des 9ten Korps, um sich in das des französischen Kaisers zu begeben, das in Wien etabliert war, während Napoleon selbst seine Residenz in Schönbrunn genommen hatte, wo er bloß von seinen Adjutanten und einem Teil der Garde umgeben war.

Unser Weg von Marchegg nach Wien führte über Markgraf-Neusiedel und einen großen Teil des, einen gräulichen Anblick darbietenden Schlachtfeldes, wo Bauern die Kadaver begruben und Waffen, Kugeln pp. sammeln mussten, nach der Donaubrücke am Spitz, an deren Wiederherstellung eben gearbeitet ward. Um nicht stundenlang zu warten, vermochten wir einen Pontonier, gegen Trinkgeld von 1 Dukaten und mit Zurücklassung der Pferde, überzufahren. Kaum waren wir 20 Schritt vom Ufer, so füllte sich unser liebes Fahrzeug - der einzige Kahn der disponibel war - mit Wasser und, dem Untersinken nahe, erreichten wir durchnässt das verlassene Ufer wieder. Ein mit Depeschen für den Kaiser ankommender General, den die Potoniers sogleich überfuhren, war so freundlich uns mitzunehmen. Am rechten Ufer fanden wir einen Fiaker, der uns in die Stadt brachte, wo uns im Palais des Fürstbischof von Salzburg ein stattliches Quartier mit der fürstlichen Bewirtung des geistlichen Herrn angewiesen ward. ...

So war ich denn mit dem Waffenstillstand in einen Interessante militärisch-diplomatische Anstellung getreten. Die Geschäfte Langenaus bestanden größtenteils in Reklamationen, in Verwendung für die Erleichterung der Lasten aller Art unter denen Sachsen und das Herzogtum Warschau zu leiden hatten und in halboffiziellen Negoziationen wegen einer eventuellen Kriegsentschädigung nach abgeschlossenem Frieden. Als letztere ward die Aussicht eröffnet, den zwischen der Eger, Elbe und sächs. Grenze gelegenen Teil von Böhmen mit Sachsen zu vereinigen. Vor allem ward unsererseits auf Vorkehrungen gedrungen, dass bei Fortsetzung des Krieges, das von Truppen entblößte Sachsen nicht aufs neue feindlichen Einfällen, ohne Mittel der Abwehr, ausgesetzt bleibe, wodurch so große Verluste herbeigeführt worden. Dies Verlangen ward erfüllt, indem französische und westphälische Truppen in Sachsen einrückten. Einige Erleichterungen wurden auch für das Herzogtum Warschau bewilligt, das fortwährend Truppen formieren und nach Spanien senden, Festungen bauen und kostspielige Einrichtungen machen musste und von Geldmitteln ganz entblößt war. Diese Gegenstände hatte Langenau mit dem Major-General, Prinzen von Neuchatel und dem Minister-Staats-Sekretär zu verhandeln. Wenn - wie in den meisten Fällen - die schriftlichen Noten unberücksichtigt blieben, so hatten doch zuweilen die mündlichen Vorstellungen einigen Erfolg.

Die Berichte an den Minister des Äußeren, Graf Bose, über den Stand jener Angelegenheiten und über alles politisch oder militärisch Interessante, war ein zweiter Teil unseres Geschäftskreises und ein dritter entstand durch das Zusammentreten des Oberst Gersdorf, General Funck und Langenaus um wesentliche Verbesserungen in der Organisation und im Geschäftsgang des Militär-Departements vorzubereiten. Um den König, der sich schwer und ungern zur kleinsten Reform entschloß, zu bewegen in eine totale einzuwilligen, waren bereits die Äußerungen des Prinzen Ponte-Corvo über die Mängel der Armee berichtet worden; jetzt, wo ein Organ der sächs. Regierung sich im kaiserlichen Hauptquartier befand, ward berichtet, dass der Kaiser selbst und seine Umgebung erwarteten, dass die, nicht mit der Zeit fortgeschrittene, namentlich mit unfähigen alten Generälen und Stabsoffizieren besetzte, sächsische Armee bald möglichst dahin gebracht werde, dass sie den jetzigen kriegerischen Anforderungen entspreche. Dies bewog den König, sich Vorschläge zu einer neuen Organisation vorlegen zu lassen. Der Minister Bose, der längst die Notwendigkeit der Reform erkannt hatte, unterstützte die betreffenden Anträge so wirksam, dass sie in großem Umfange die königliche Genehmigung erhielten. Die Korrespondenz über diese Armee-Angelegenheit mit Gen. Funck, Gen. Thielmann und Oberst Gersdorf setzte meine Feder mehr in Bewegung als die eigentlichen Gesandtschaftsgeschäfte.

Eine ganz interessante Dienstverrichtung war das Besorgen der großen Parade und Revue, die zweimal wöchentlich in Schönbrunn stattfand. Der Kaiser, von einer glänzenden Suite umgeben, auf dem Perron des Schlosses stehend, ließ einen Teil der Garden sowie in der Nähe stehende Linientruppen, namentlich alle neu ankommenden, vor sich defilieren und manövrieren, worauf er die Glieder durchging, Orden austeilte, Bittschriften annahm pp.

Eine Sendung an unser Generalkommando in Preßburg verschaffte mir die persönliche Bekanntschaft mit General Reynier. Unsere Truppen befanden sich in und um Preßburg sehr wohl. Die Verpflegung ließ nichts zu wünschen übrig. Wein, Früchte aller Art, besonders Melonen, und Wildbret gab es im Überfluss. Beim Eintritt in Ungarn, bei Heinburg, öffnet sich eine reizende Gegend. Der Preßburger Schlossberg und Theben sind Glanzpunkte davon.

Höchst befriedigend gestaltete sich mein Privatleben durch das Bekanntwerden mit einigen Bewohnern Wiens. ...

Durch den bei Wagram blessierten, mir befreundeten Hauptmann v.Egidy, der im Hause einer Gräfin Woldstein aufgenommen worden, die aufs teilnehmende für ihn sorgte, lernte ich diese und ihre Cousine, die Generalin Gräfin Moor, zwei echte Wienerinnen, kennen, die auf verschiedene Weise liebenswürdig waren. ...

Auch der tödlich verwundete Hauptmann v.Metzrad war von einem Wiener Hausbesitzer, der ihn nach dem Hospitale transportiert hat, aus Gutmütigkeit aufgenommen und gepflegt worden. Er ward, durch seine kräftige Natur unterstützt, geheilt. Nicht so glücklich waren mein General Hartitzsch und Major v.Werthern, beide starben an ihren Wunden. ...

Sehr angenehme Tischgenossen waren General Funk und Gersdorf. Ersterer erzählte gern und gut, namentlich pikante Geschichten, letzterer war jovial und witzig. ...

Ende März 1810 trat ein, ganz Europa in Erstaunen stehendes Ereignis ein. Napoleon, der sich von seiner Gemahlin Josephine getrennt, hielt um die Hand der Tochter des österreichischen Kaisers an und sie ward ihm gewährt. Der Prinz von Nauchatel, Berthier, kam die Vermählung per procura zu feiern. Das Gerücht von dieser Verbindung hatte sich seit kurzem verbreitet, aber wenig Glauben gefunden, bis der Abschluss der Verhandlungen authentisch bekannt ward. Nun bedauerte das Publikum den kaiserlichen Vater und die Tochter, Erzherzogin Marie Louise, der Politik ein so schweres Opfer bringen zu müssen, tröstete sich aber mit der Hoffnung, dass Triest und Dalmatien dafür zurückgegeben werde. Die mit dem Hof bekannten Personen wussten jedoch, dass diese Heirat nicht das eisige Gemüt sondern nur den Stolz des Kaiser Franz unangenehm berühre, dass zwar auf politische Vorteile gerechnet werde, die Zurückgabe von Triest pp. aber nur ein frommer Wunsch seien und dass die Prinzessin, ohne Geist und Gemüt, mit Freuden den französischen Thron besteige.

Glänzende Feste fanden zu Ehren des alter ego Napoleons statt. Bei der Trauung und beim Ordensfeste, wobei die Ritter der höheren österreichischen Orden im Ordens-Kostüm erschienen, war von den kaiserlichen Herrschaften, der reichen Aristokratie und den Gesandtschaften der höchste Prunk entfaltet. Die Damen strahlten in Brillanten. Schöne National-Kostüme boten malerische Bilder dar. Die ungarische Nobel-Garde zu Pferd war die schönste und prachtvollste Truppe, die man sehen konnte. Ein Ball im Apollo-Saale beschloß die Festlichkeiten. Am folgenden Tag reiste die neue Kaiserin, vom Volke in den Straßen begrüßt, nach Compiegne ab.

Oberst Romeuf hatte mich dem Prinzen von Neuchatel vorgestellt, durch diesen erhielt ich Eintrittskarten zu den Festen.

Mit der Erzählung von dieser kaiserlichen Hochzeit habe ich einen Sprung vorwärts gemacht, von dem ich wieder zu früheren Erlebnissen zurückkehren muss.

Nachdem bis in den Oktober 1809 mit der größten Spannung dem Resultat der Friedensverhandlungen entgegen gesehen und die widerstreitigsten Gerüchte darüber verbreitet worden waren, kam am 21sten Oktober der Fürst Lichtenstein mit der Nachricht vom Abschluss des Friedens in Wien an. Napoleon reiste nach Paris ab, das Hauptquartier löste sich auf und Langenau eilte nach Dresden, mich beim Marschall Davout zurücklassend, der in Wien das Kommando über die, die österreichischen Staaten zuletzt evakuierenden Truppen - zu denen die Sachsen gehörten - übernahm. Ich kannte seine unliebenswürdige Persönlichkeit schon von Warschau her. Das einzige Geschäft, das ich mit ihm abzumachen hatte, war eine, vom General v.Zezschwitz gewünschte Änderung der Marschroute unseres Kontingents über Steyer pp. die er, in barschem Tone, bewilligte. Von den Einwohnern war er, ohnerachtet er sich und den Truppen unter seinen Befehlen keine Erpressungen gestattete, wegen seiner Härte gefürchtet und gehasst. Bei der Schlacht von Aspern hatte er einen Wiener Postillion erschießen lassen, der an der Lobau-Brücke mit einem leeren Wagen halten geblieben war, um, wie Davout glaubte, den für die Franzosen unglücklichen Ausgang der Schlacht in Wien zu berichten.

Vor dem Abzug der Franzosen wurden, den Friedensbedingungen zu Folge, die Wiener Festungswerke gesprengt. Die Wiener waren empört darüber.

Für die, beim Abzug der Armee in Österreich zurück bleibenden Hospitäler ward angeordnet, dass jedes einen

Kommandanten erhalte, der für die innere Ordnung und Disziplin verantwortlich sei und für die richtige Lieferung des Hospitalbedürfnisse von Seiten der österreichischen Behörden, für die Marschroute und Vorspanngestellung bei Absendung der Rekonvaleszenten und bei endlicher Evakuierung für die Übergabe der Hospitaleinrichtung zu sorgen habe. Die Direktion der ganzen Hospital-Angelegenheit war dem Obersten des kaiserl. Generalstabes, Baron Romeuf, übertragen. An ihn waren die Kommandanten in allen Differenzfällen mit den österr. Behörden gewiesen.

Auf Antrag des General-Intendanten v.Watzdorf war ich zum Kommandanten unseres, in St.Veith bei Wien befindlichen Hospitals, in welches auch die Preßburger Kranken gebracht wurden, bestimmt.

Am 20ten November zog Davout mit seinen Truppen von Wien ab. Nun trat ich meinen neuen Posten an, mietete ein Quartier, da die Einquartierung aufhörte und richtete zugleich eine reizende Wohnung in St. Veith für meinen dortigen Aufenthalt ein. Wöchentlich ritt ich einigemale dahin und bei besonderen Veranlassungen, bei Absendung von Rekonvaleszenten u.drgl. blieb ich einige Tage daselbst.

Ich konnte mir Glück wünschen, dass die beiden Männer, mit denen ich in Dienstgeschäften hauptsächlich zu tun hatte - der Oberst Romeuf und der Oberarzt des Hospitals Dr. Wehrmann - vorzügliche lebensliebenswürdige Menschen waren. Ersterer, als Emigrant in England erzogen, ganz Gentleman und nobleman, gab mir nach einer kurzen Bekanntschaft viele Beweise von Wohlwollen. Er führte mich bei seinen Bekannten ein und machte selten Exkursion in die Umgegend - nach Baden, Luxemburg pp.

- ohne meine Begleitung! und Wehrmann, ein trefflicher, gemütlicher, gebildeter Mensch, der sein Hospital auf das Beste dirigierte, ward mir im ganze Sinne des Wortes Freund und erhielt mir seine Anhänglichkeit, solange er lebte. (Oberst Romeuf, im Feldzug 1812 Chef des Generalstabes von Davout, blieb bei Moschaisk; Wehrmann starb an tödlichen Verletzungen, die er beim Sprung aus dem Wagen mit durchgehenden Pferden erhalten).

Meine Dienstgeschäfte, zu denen ich die Korrespondenz mit General Watzdorf und Oberst Langenau rechne, ließen mir Zeit genug Wien, das nun nach und nach wieder seine Eigentümlichkeit annahm, mit seiner schönen Umgehend kennen zu lernen und mich der Geselligkeit zu widmen, die der Kreis meiner Bekannten darbot. ...

1810 - 1811

In den ersten Tagen des Juni 1810 konnte unser Hospital evakuiert und aufgelöst werden. Nachdem alle Anstalten hierzu besorgt waren, nahm ich von meinen Gönnern und Freunden ... Abschied und trat am 8ten Juni, von meinem Freund Wehrmann bereitet, den Marsch oder die Reise nach Sachsen an.

In jeder Hinsicht konnte ich mit großer Befriedigung auf die in Wien verlebte Zeit zurückblicken. Viel trug hierzu bei, dass ich mich während derselben zweier Beförderungen zu erfreuen hatte. Als der Fortbestand und die Organisation der provisorisch errichteten Schützen-Bataillone vom König genehmigt worden, ward ich im September 1809 als Premierleutnant dabei angestellt und im März 1810, bei Errichtung des permanenten Generalstabes, zum Hauptmann in selbigen ernannt. Ich hatte durch diese Gunst des Geschicks, die ich dankbar erkannte, im

26ten Jahr eine Stufe erreicht, die ich in Friedenszeiten vielleicht nicht vor dem 40ten erlangt hätte.

Unser Weg führte mich Österreich durch ein schönes Land, das sich von den Verwüstungen des vorjährigen Krieges schon sehr zu erholen begann, nur die Brandstätten erinnerten noch an den Krieg. Oft kamen wir zeitig in unser Stationsquartier und hatten Zeit, in die Umgebung kleine Ausflüge zu machen. Dies war namentlich der Fall in Braunau, wo das Tal der Traun malerisch schön ist. Der schönste Punkt auf unsrem ganzen Wege war das prächtige, hoch über der Donau gelegene Benediktiner-Kloster Mölk mit einer entzückenden Aussicht auf das reiche Flusstal, dessen Ufer mit Schlössern, Klöstern, und Kapellen besetzt sind, und auf die Alpen. Auf der, an den Bibliothekssaal des Klosters stoßenden Terrasse verweilten wir, in Gesellschaft ungewöhnlich gebildeter Mönche, lange Zeit, um uns der herrlichen Aussicht zu erfreuen. Regensburg gewährte uns einen interessanten Tag. Von Plauen aus nahm ich Post und fuhr mit Wehrmann über Schleiz nach Naunhofen. Wie pochte mir das Herz, als ich das friedliche Orlatal vor mir liegen sah! Die Freude des Wiedersehens bei der Ankunft mit meiner Mutter, kann ich nicht beschreiben. Auch in Lausnitz sah ich, das ich nicht vergessen war. In Zwickau stieß ich wieder zu meiner Kolonne, die Ende Juni glücklich und zur Zufriedenheit der Behörden in Dresden ankam.

Viel Neues fand ich hier, in militärischer Hinsicht. Die Armee, 30.000 Mann stark, war in 2 Infanterie-Divisionen und 1 Kavallerie-Division formiert. Die Artillerie und das Genie-Korps nebst allen Nebenbranchen, Train, Zeughaus pp. standen unter dem Königlichen Generalstabe. Der Chef desselben, General von Gersdorf, war eigentlich Kriegsminister, da er dem König mündlich und schriftlich

Vortrag erstattete. Der amtliche Kriegsminister fungierte nur als solcher und hatte die formellen Ausfertigungen zu besorgen. Oberst von Langenau war Sous-Chef des König: Generalstabes, der 2 Offiziere jeder Waffe enthielt. Den Divisionsgeneralen v.Gutschmidt, v.Lecoq und v.Zeschau waren jedem ein Divisions-Generalstab, aus 1 Stabsoffizier als Chef und 2 Hauptleuten, als Adjoints, bestehend, zugeteilt. Zu letzteren zählte ich beim Generalleutnant von Zeschau. Seine Division bestand aus der Brigade von Dyherrn - 2 Regimenter à 2 Bataillons und 1 Grenadierbataillon - der Brigade von Nostitz, von derselben Stärke und dem Leibgarde-Grenadier-Regiment.

Mein General (Zeschau) war ein Ehrenmann in jeder Hinsicht, er war vielseitig gebildet und guter Soldat, aber das Formelle beschäftigte ihn mehr als das Wesentliche. Die Energie und Entschlossenheit, die ein höherer Posten verlangt, fehlte ihm. Der Chef des Generalstabes, Oberst Vieth, bot einen vollkommenen Kontrast mit dem General dar. Genial, voller Geist und Leben, fand er dessen steife Förmlichkeit unerträglich. Er besaß viel gesellige Talente, war trefflicher Schauspieler und imitierte, wie sein Bruder in Wien, auffallende Gesichter, Sprachweisen pp. aufs frappanteste. Mein Kollege, Hauptmann von Schierbrandt , war sehr unbedeutend aber ein guter Expedient im Bureau. Der Adjutant des Generals, Leutnant v.Langenau (der Bruder des Obersten), war unser béte noir, hässlich von Gesicht und Charakter, besaß er aber eine Zeit lang das ausschließliche Vertrauen des Generals. Es ist begreiflich, dass ich mich unter diesen Umständen an Oberst Vieth attachierte, der mir mit dem freundlichsten Wohlwollen entgegen kam.

Mein Geschäftsbereich bestand in Fertigung der gewöhnlichen Dienstschriften, Entwurf von Dispositionen zu den

Truppenübungen, Planzeichnen, Begleiten des Generals zum Exerzieren, zu den Manövers und Musterungen der Division. Im Jahr 1811 beauftragte mit der Chef des König: Generalstabes mit einigen Sendungen - nach Glogau, um mit dem dortigen franz: Festungs-Kommandanten, General Jacquinot, Verabredungen wegen der Ablösung eines, der Garnison zugeteilten sächs: Regiments zu treffen - nach Küstrin, um von den Franzosen aus Sachsen mitgenommenes Fuhrwerk zu reklamieren - und nach Breslau, um Erkundigungen über die Zusammenziehung und die Bestimmung der preußischen Truppen in der dortigen Gegend einzuziehen. Dieser, vom franz: Gesandten in Dresden veranlasste Auftrag, war mir sehr unangenehm, auch entledigte ich mich desselben sehr oberflächlich. Ich meldete mich beim Gouverneur, General-Leutnant von Grawert und ward von ihm zum Diner eingeladen, dem mehrere höhere Offiziere beiwohnten. Das Gefühl, ein Kundschafter im Interesse der Franzosen zu ein, war mir anfangs drückend, als aber das Gespräch gegenseitig freimütig ward, nahm ich unbefangen daran teil und dies ward mir umso leichter, als ich mich bereits überzeugt hatte nichts, die gegenwärtigen Absichten oder Pläne der Preußen Verdächtigendes zu berichten zu haben. Durch einen Besuch beim Regierungsrat von Stein und des Schlachtfeldes von Lisa, hatte ich mein Erscheinen in Breslau motiviert. Ersterer war abwesend, auf letzterem ward ein gewesener Kadetts-Kamerad, Hr. von Reitzenstein, mein Führer.

In Dresden nahm das Militär durch den Geist der Zeit eine herausragende, glänzende Stellung ein. Die Armee war seit Jahren mit Ehren in Tätigkeit gewesen und hatte in zeit- und zweckmäßigen Einrichtungen und im Äußeren sehr gewonnen, während die anderen Departements

noch alten Schlendrian und auffallend unpassende Einrichtungen beibehielten. Dies veranlasste, dass junge
Leute aus den vornehmsten Familien, die bisher nur Hof-
leute und Diplomaten geliefert hatten, in die Armee traten. Der, an die Stelle des verstorbenen Grafen Bose gekommene Erste Minister, Herr von Senfft, protegierte das
Militär und zeichnete es auf alle Weise aus, weil Napoleon die Rheinbundstaaten nach dem Werte ihrer Truppen
beachtete. Selbst bei Hof hatte die Stellung des Militärs
gewonnen. Ein unternehmender, ritterlicher Geist und
Selbstgefühl belebten das Offizierskorps, dessen Mehrzahl ein Avancement gewonnen hatte und an denen Spitze jetzt verhältnismäßig jungen, tatkräftige Männer standen. Die fortwährende Aussicht auf einen neuen Feldzug
unterhielt die kriegerische Aufregung und oft ward beim
Glas Wein gesungen: „ und trifft es morgen, so lasset uns
heut noch schlürfen die Neige der köstlichen Zeit!" Viele
der Sänger traf es in den nächsten Jahren!

Bei den Festen und Gesellschaften aller Art, die das, in
den Jahren 1810 und 11, bis zum Ausmarsch der Armee
1812, glänzend belebte Dresden darbot, war das Militär,
namentlich die Garden, der Generalstab inkl. der Genera-
lität und die Adjutantur zahlreich vertreten. Der Nimbus,
der die jungen Krieger umgab, blieb nicht ohne Wirkung
aufs schöne Geschlecht und führte zärtliche Verhältnisse
und mehrere Verlobungen herbei.

So viel aber auch getanzt und geschwärmt ward, so wurde doch die dienstliche Sphäre nicht dadurch benachtei-
ligt. Allgemein zeigte sich ein reges Streben Tüchtiges zu
leisten und der Armee Ehre zu machen. Das diese schon
in ihrem früheren Zustande viel gute, tüchtige Elemente
gehabt hatte, zeigte sich dadurch, dass eine Menge neu
aufgestellter Truppenteile: 2 Regimenter leichte Infante-

rie (Schützen), 2 Batterien reitender Artillerie, Artillerie-
und Proviant-Train, 1 Sapeur (Pionier) und 1 Handwerker-
Kompanie - der Generalstab (mit 19), die Adjutantur (mit
17 Offizieren), die Muster-Inspektion pp. - mit brauchbaren Offizieren, die sich im Krieg bewährten, hatten besetzt werden können.

Ende November 1810 erhielt ich Urlaub in die Heimat,
wohin ich die Reise, wie gewöhnlich, zu Pferde machte.
Ich fand meinen Bruder bei der Mutter bereits angekommen. Wir verlebten eine glückliche Zeit zusammen in
Naunhofen und in Lausnitz. Ehe wir uns trennten, berei-
tete uns - der Mutter mit ihren, lange von ihr getrennt
gewesenen Söhnen - der ehrwürdige, greise Pastor eine
innigst feierliche Stunde durch das Abendmahl, dass er
uns erteilte und mit einer herrlichen Rede begleitete. Als
ich nach den Weihnachtsfeiertagen Naunhofen verließ,
um nach Dresden zurück zu kehren, sah mir die, vom Ab-
schiede schmerzlich ergriffene Mutter vom Kirchberge
nach und wehte mir mit einem weißen Tuche ihre Se-
genswünsche zu, bis mich eine Wendung des Weges ihren Augen verbarg. Wenige Tage nach meiner Ankunft in
Dresden erhielt ich von meinem Bruder die Nachricht
ihres, am 6ten Januar, nach nur 3tägiger Krankheit, erfolgten Todes. Ich hatte das mir Teuerste auf der Welt verloren.

Bei der schmerzlichen trüben Stimmung, in die mich der
Tod meiner innig geliebten Mutter versetzt hatte, war mir
die herzliche Teilnahme meiner Freunde und die Ver-
mehrung der Dienstgeschäfte wohltuend. Letztere wurden durch die kriegerischen Vorbereitungen veranlasst,
die die Stellung Frankreichs zu Preußen und Rußland nötig machte.

Im Monat Juli (1811) ward auf Verlangen Napoleons, der den Absichten Preußens mißtraute, die ganze sächs: Armee bei Mühlberg zusammengezogen. Die Infanterie kampierte unter Zelten, die Kavallerie und Artillerie kantonierte. Taktische Übungen, Revuen und Manövers, denen der König einige Tage beiwohnte, beschäftigten die Truppen, von denen, als die Konzentrierung aufhörte, ein Teil in Kantonierungen an der preuß: Grenze verlegt ward, und dort, bis zum Ausmarsche nach Rußland, im Februar 1812, stehen blieb.

Es war erfreulich bei dieser Zusammenziehung die, im Äußeren und der taktischen Formierung sowie in ordentlichen inneren Einrichtungen vorteilhaft umgestaltete Armee zusammen zu sehen. Sie war schön und Vertrauen einflößend. Dies bewährte sie schon im nächsten Jahr.

Von Mühlberg aus besichtigte der König den von Napoleon angeordneten Festungsbau von Torgau, der erst im vorigen Jahr angefangen und schon weit fortgeschritten war. Dem Kaiserl: Willen zu Folge wurden die Dresdner Festungswerke abgetragen und das brauchbare Material für Torgau benutzt.

Während das Verhältnis Frankreichs zu Rußland immer mißlicher ward und ganz Europa in Spannung erhielt, trat Napoleons Glücksstern in seinen Zenit. Ein Prinz - der König von Rom - ward ihm geboren. Die Dauer seiner Dynastie schien gesichert. In Dresden wurden glänzende Feste von franz: Gesandten und dem Minister Senfft veranlasst.

Von meinem Dresdner Leben in den Jahren 1810 bis zum Ausmarsch unseres Kontingents, Ende Februar 1812, habe ich noch einiges zu erwähnen. Das Wertvollste in dieser Zeit war für mich der intime Verkehr mit Freunden, mit denen ich, wie man zu sagen pflegt, ein Herz und ein Sinn war. Diese waren: Minkwitz, Graf Seydewitz (beide bei General Thielmann Adjutanten), Senfft und Röder. Letzterer kam 1810 nach Dresden, um wieder in die Armee zu treten, nachdem er 1807 seine Entlassung genommen und, während der Abwesenheit eines Bruders, dessen Gut Wendischbohra administriert hatte. Er ward als jüngster Leutnant im Regiment Prinz Albert Dragoner angestellt, jedoch mit der Versicherung des Generals Gersdorf, dass ihm nächstens eine Stelle im Generalstab und Avancement zu teil werden solle. Dies Versprochen blieb aber unerfüllt.

Noch denke ich gern zurück an die Abende, die wir zusammen bei einem einfachen Souper im Hotel de Baviere in Gesellschaft einer Elite von Kameraden - von Stünzner, Fabrice, Watzdorf, Schulenburg, Metzrad, Sahr, Lenz, Nostitz, Trosky - heiter zubrachten. Wenn ein Pensionär des Wirts, der gewesene, bankrott gewordene Hotelbesitzer Hess (der Bruder des Malers) beim Souper die Honneurs machte, erregte dessen Eitelkeit und Prahlerei allgemeine Heiterkeit, da er affenartig häßlich war. Durch seinen Humor und die Erzzählung seiner Erlebnisse war er amüsant und Scherze über seine Person nahm es mit komischen, distorten Zorn auf.

Diners im Hotel de Baviere, meist von Major Zezschwitz (dem nachmaligen Kriegsminister) arrangiert, bei denen viel Brüderschaften getrunken und Flaschen geleert wurden, Picknicks in und außerhalb der Stadt, namentlich in Tolkewitz, wo Major Römer eine gute Köchin und ein hübsches Lokal lieferte und an denen immer die Generale Gutschmidt, Gersdorf, Thielmann, Lecoq Teil nahmen, waren Vereinigungen, die den kameradschaftlichen und da viel Militärisches dabei besprochen ward, den militärischen Geist in rege Schwünge erhielten.

Ein, das Militär sehr protegierendes Haus war das, des gewesenen dänischen Gesandten, Herrn Bülow, in Reinhardtsgrimma. Zuweilen waren dort kleine Feste veranstaltet, die der schöne Park begünstigte. Ein Theater, auf dem auch ich einmal eine kleine Rolle übernehmen musste, wird vom Oberst Vieth mit Success dirigiert. ...

Einige sehr frohe Tage brachten Minkwitz, Röder und Senfft nebst mir bei unserem Freund Seydewitz auf seinem Gut Kreiwitz bei Strehla zu. Seine schöne, lebhafte Schwester, Frau v.Kaiserlingk, machte die Honneurs des Hauses und trug möglichst zur heiteren Unterhaltung bei.

Meinen Bruder, der das Töplitzer Bad brauchte, besuchte ich dort und sah dabei zum ersten mal das schöne Tal zwischen dem südlichen Abhange des Erzgebirges und de Mittelgebirge. Da ich die kleine Reise zu Pferd machte, nahm ich den Weg über den Geiersberg, auf dessen höchstem Punkte die Aussicht auf Böhmen entzückend ist.

Mit dem Prinz Bernhard von Weimar, der in der Leibgarde stand, trat ich der letzten Zeit seines Dresdner Aufenthaltes in ein näheres, vertrauteres Verhältnis. Bei all seinem jugendlichen Übermut waren ungewöhnliche Anlagen nicht in ihm zu verkennen. Das persönliche Wohlwollen, womit er mich beehrte, hat er mir seitdem erhalten und oft, zuletzt noch bei seinem Besuch in Dresden hatte er mir, mich sehr freuende Beweise davon gegeben.

Das rege Treiben in Dresden nahm viel Zeit in Anspruch. Jedoch blieb mir noch genug übrig, um Privatbeschäftigungen, namentliche Lektüre und Zeichnung, nicht zu vernachlässigen. Dies verdankte ich dem mir innewohnenden Bedürfnis, die Zeit zu benutzen, nicht müßig zu sein. Das Rauchen, womit häufig ein dolee far niente verbunden ist, nahm mir keine Zeit, da ich es, trotz vieler Versuche, nicht lernen, d.h. nicht vertragen konnte; auch scheute ich oft einen ziemlich weiten Weg nicht, um eine einzelne müßige Stunde zu Hause zuzubringen. Zum Landschaftszeichnen erhielt ich viel Aufmunterung vom Hrn. von Schönberg auf Rothschönberg (gewesenen Adjutanten Domouriez's), der mir aus seiner schönen Sammlung Originale zum Kopieren lieh. Ich besuchte ihn oft, da er mir gegenüber wohnte, mir sehr wohl wollte und mir immer etwas von seinen Kunstschätzen sowie von seinen Produktionen zeigte. Er hatte vielseitiges Talent, malte und dichtete ungewöhnlich gut, aber das höchste Lob, das man seinen Werken erteilte, kam doch seinem Selbstlobe nicht gleich.

Der Winter 1811 bis 12 war für die Dresdner Gesellschaft noch belebter und glänzender als der vorjährige. Man schien sich bei der nahen Aussicht auf Krieg betäuben zu wollen. Der Karneval ward aber am 8ten Februar gestört. General Gersdorf und Minister Senfft wurden von einem Balle abgerufen, weil ein Kurier den Befehl Napoleons brachte, dass das sächs: Kontingent ohne Verzug bei Guben versammelt werden solle, um den Marsch nach Polen anzutreten. Da sich die Nachricht sogleich auf dem Balle verbreitete, ward dieser für viele Teilnehmer ein tragisches Abschiedsfest. ...

1812

An dem Krieg gegen Rußland sahen selbst Österreich und Preußen sich genötigt, als Alliierte Frankreichs Teil zu nehmen. Unser Kontingent, in 2 Divisionen unter dem Kommando des Generals Lecoq formiert, vereinigte sich am 24ten Februar bei Guben und trat beim Ausmarsch nach Polen unter das Oberkommando des Generals Reynier als 7tes Korps der franz: Armee. (Nachdem Napoleon am 24ten Juni bei Kowno die russ: Grenze überschritten hatte, erhielt das 7te Korps die Bestimmung, unter Fürst Schwarzenberg, der 30.000 Mann Österreicher kommandierte, den rechten Flügel der Alliierten Armee zu bilden.)

Da dem General Zeschau das Kommando der in Sachsen zurückbleibenden Truppen übertragen ward, so traf auch mich die Bestimmung, in Sachsen zurückzubleiben. Aber, als ich schon alle Hoffnung aufgegeben an dem Feldzuge Teil zu nehmen, traf der, bisher als sächs: Gesandter in Petersburg gewesene, zum Militär-Gesandten in Napoleons Hauptquartier ernannte General v.Watzdorf in Dresden ein und wählte mich als Adjutanten. Napoleon, der einen längeren Aufenthalt in Dresden gemacht hatte, war bereits zur Armee abgegangen und hatte den Niemen überschritten, als wir - General Watzdorf und ich - Dresden verlassen konnten, um, Tag und Nacht mit Post reisend, das kaiser: Hauptquartier baldigst zu erreichen. (Angelegenheiten des Herzogtums Warschau, die dem Herzog von Bassano vorgelegt und vom Kaiser entscheiden werden sollten, hatten den Gesandten solang in Dresden zurück gehalten.)

Auf unserer Reise, die über Thorn, Elbing pp. nach Königsberg führte, war diese Hauptstadt das Ziel gewesen, wo wir unsere, lange vor unserem Abgang von Dresden, nach dem französischen Hauptquartier voraus gesendeten Pferde nebst Fourgon einholen wollten, aber der, unter Führung eines Feldjägers (Kabinett-Kuriers) gestellte Zug hatte Königsberg bereits verlassen und war dem kaiser: Hauptquartier nachgezogen. Konnten wir unsere kleine Kolonne - bestehend aus 1 Feldjäger, 1 Ordonnanz-Korporal nebst 2 Mann, sämtlich zu Pferde, vom Regiment Prinz Johann Dragoner, 2 Train-Soldaten mit 8 Train-Pferden und einem Fourgon, 1 Kutscher, 1 Koch, 2 Reitknechten und 6 Reitpferden - nicht diesseits der russischen Grenze einholen, so sah es mit unserem Weiterkommen übel aus, da jenseits derselben weder Post- noch andere Pferde zu bekommen waren. Und diese widerwärtige Erfahrung machten wir. Schon in Kowno erhielten wir keine Postpferde und wir waren genötigt, die 6 elenden kleinen Pferde der letzten polnischen Station weiter mitzunehmen. Nun fanden wir aber die nächsten Poststationen bloß mit Gendarmen und einigen für die Reise als Kurier bestimmten Pferde besetzt und uns blieb nichts übrig, als mit unsern, durch den schweren Reisewagen, den tiefen Sand der Straße, die Hitze und den Mangel an Futter ganz erschöpften Pferden weiter zu fahren, was nur dadurch möglich ward, dass wenn wir eine Strecke gefahren waren und ein Pfütze mit Wasser oder einen Rasenplatz antrafen, die Pferde ausgespannt und sobald sie sich ein wenig restauriert hatten, wieder weiter getrieben wurden. Dabei war der Aufenthalt auf und an dieser Straße nach Wilna, auf der die französische Hauptkolonne marschiert war, gräßlich, da tausende krepierter Pferde, die hier durch Hunger, Erschöpfung und Hitze gefallen waren, einen pestilenzialischen Gestank verbreiteten. Die übrige Umgebung war Föhrenwald und hie und da ausgeplünderte, meist durch Feuer zerstörte

Gebäude, mitunter Schlösser, wo Trümmer von Pracht-
möbeln umher lagen.

Mit Müh und Not hatten wir uns in 2 Tagen und 2 Näch-
ten bis 8 Stationen vor Wilna fortgeschleppt und verzwei-
felten am Weiterkommen, als aus dem Hof eines großen
Kruges (Gasthauses), in dessen Nähe wir so eben zum
Ausruhen biwakieren wollten, drei rote Dragoner zum
Vorschein kamen, denen unsere Pferde usw. folgten. Unsere Freude lässt sich nicht beschreiben, da sich die
Menschen und Tiere im besten Zustande befanden. Die
Kolonne hatte in diesem Krug übernachtet und brach
eben (es war früh 5 Uhr) gegen Wilna auf. Sogleich wurden die 4, für den Reisewagen des Generals bestimmten
Train-Pferde vorgespannt, die polnischen Postillione
reichlich beschenkt, entlassen und in kurzer Zeit Wilna
erreicht, wo wir Napoleon und sein Hauptquartier noch
zu finden hofften. Er war aber bereits gegen Minsk aufgebrochen und hatte seinen Minister-Staatssekretär Maret, Herzog von Bassano, nebst allen Gesandten in Wilna
zurück gelassen, wo Maret mit einer Art Hauptquartier
einen Zentral- oder Zwischenpunkt zwischen dem Kaiser,
Paris, Deutschland und den rückwärts stehenden Flügeln
der Armee bildete, auch war der Herzog von Bassano mit
der Direktion des russischen Litauens, das mit Warschau
vereinigt werden sollte, beauftragt.

Durch die von Napoleon angeordnete Bestimmung in
Wilna zu bleiben, fühlte sich General Watzdorf ebenso
getäuscht als ich. Seine Geschäfte waren nun lediglich die
eines Diplomaten - gewöhnlichen Gesandten - und meine
Bestimmung ward die eines Legations-Sekretärs und als
solcher musste ich zahllose Depeschen nach Dresden
und Noten an den Herzog von Bassano abschreiben. Auf
letztere erfolgte selten eine befriedigende, meist gar kei-

ne Antwort, da sie Reklamationen, gegründete Forderungen aller Art und Vorstellungen gegen französische Anmaßungen und Gewaltstreiche betrafen. So zog u.a. Napoleon die nicht zum Kontingent gehörigen Regimenter v.Low und v.Rechten aus Danzig und Stettin, und das Regiment Prinz Johann Dragoner zur mobilen Armee. Die meisten und schwersten Klagen kamen aber aus dem Herzogtum Warschau, das durch die Durchmärsche schrecklich gelitten hatte, Verschanzungen und Festungen bauen, Lebensmittel liefern sollte und durch die Kontinentalsperre verhindert war Getreide (in Danzig) auszuführen und dadurch Geld zu erlangen.

Diese Geschäfte wurden vom Herzog ganz als Nebensache betrieben. Dagegen bemühte er sich die, in großer Anzahl in Wilna versammelten polnischen Staroste durch Feste und schöne Worte in günstiger Stimmung zu erhalten und den Gesandten glauben zu machen, selbst nach dem Brande von Moskau gehe und stehe alles vortrefflich bei der großen Armee. Letzteres gelang ihm nun freilich nicht, da oft deutsche Offiziere von der Armee ankamen oder durchreisten, die aus den Zuständen und Ereignissen keinen Hehl machten. So kamen Ende November von Smolensk aus zwei sächsische Offiziere - v.Römer und v.Forstner - die als Ordonnanz-Offiziere Berthier's den Feldzug gemacht und durch Hilfe eines polnischen Offiziers die feindliche Armee (die Wittgensteinsche) bei Nacht passiert hatten, in Wilna an und unterrichteten uns von der auf dem Rückzuge eingetreten Auflösung der Armee, die von Smolensk aus jeden Tag zunahm. (Diese Offiziere, die sich hier neu equipieren und die Ankunft des kaiser: Hauptquartiers erwarten wollten, kehrten im Dezember mit uns nach Sachsen zurück.)

Wilna bot in dem Leben und Treiben der fremden Bewohner und Durchzüge großartige Kontraste dar, zumal
als die Winterkälte eingetreten war. Es gar Diners, Soire-
en, Bälle, Liebhaber (Dilettanten) Theater und Couverts
beim Herzog, beim Gouverneur General Hogendorp,
beim Commissaire Imperial Bignon, bei mehreren Polen -
Potocki, Dizenhausen pp. - und auf dem Wege zu diesen
glänzenden Vereinigungen sah man auf den Stufen, der
zu Spitälern umgewandelten Kirchen und anderen großen Gebäuden, Blessierte und Kranke liegen, die, von
den Wagen dort abgeladen, selbst bei der größten Kälte
stundenlang warten mussten, ehe sie Aufnahme in pest-
artigem Typhus verfallenen Räumen fanden, in denen
täglich Hunderte, zum Teil für Hunger, starben, da den
Kranken fast nichts als Tiffenen gereicht wurden. Einen
gräßlichen Anblick gewährten die Umgebungen der
Stadt, wo als Hauptvorratsdepot der Armee über tausend Wagen in Park aufgefahren waren, deren Pferde
sowie Herden von Ochsen und Schafen bis zum Eintritt
des Frostes von grünem Futter, das sie in der Umgebung
fangen, ihr Leben notdürftig gefastet hatten und nun für
Hunger und Kälte starben. Da sah man in der letzten Zeit
- Ende November und Anfang Dezember - auf den gefro-
renen Körpern dieser Tiere halbverhungerte Menschen -
meistens Soldaten, die von den in der Sumpfgegend von
Polock stehenden Korps kommend, fieberkrank heim-
wärts schliefen - beschäftigt, ein Stück Fleisch zu erlangen, das ihnen oft Trupps herrenloser Hunde, die sich
hier in Massen versammelten, streitig zu machen suchten.

Die verpestete Luft, die vor Eintritt der Kälte in Wilna
herrschte und der mein Reitknecht und ein Trainsoldat
zum Opfer fielen, hatte auch dem General Watzdorf ein

schleichendes, nervöses Fieber zugezogen, während dessen der ich die levers oder Morgen-Audienzen des Herzogs von Bassano frequentierte, wobei über Geschäftssachen flüchtig gesprochen ward und der Herzog wunderbare Nachrichten von der großen Armee mitteilte. Auf der im Zimmer ausgebreiteten großen Karte von Rußland zeigte und erklärte er die vorteilhafte Stellung Napoleons.

Glücklicherweise war General Watzdorf wieder genesen, als am 7ten Dezember ein kaiser: Kurier die Nachricht vom Übergang über die Beresina, die alsbaldige Ankunft des Kaisers in Wilna und dessen Befehl, das diplomatischen Hauptquartier ungesäumt nach Warschau zu verlegen, überbrachte. (In Warschau fanden wir das Avis, dass die Gesandten auf ihre gewöhnlichen Posten zurückkehren sollten.)

Schon am nächsten Tag traten wir, nachdem wir uns mit Müh und Not Pferde verschafft hatten, die Reise nach Warschau, über Kowno, an. Unsern Equipagezug sendeten wir auf der wenig frequentierten Straße über Grodno ab. Von Kowno aus verließ ich den General Watzdorf, um eiligst Depeschen und mündliche Aufträge nach Warschau und Dresden zu überbringen. In einem russischen Schlitten (mit Schwingen an den Seiten), den ich kaufte, reiste ich ungewöhnlich schnell, da der strenge Winter von 1812 im ganzen Norden Europas alle Straßen in Schlitten- oder Eisbahnen verwandelt hatte, aber mehrmals erfror ich Nase, Ohren, Backen und Hände (bei 25° Kälte), die ich auf den Poststationen mit Schnee auftaute. In der Nacht folgten einigemal Wölfe dem Schlitten, aber das pfeilschnelle Fahren der Postillione entzog uns einem Angriff.

In Lomza, zwischen Kowno und Warschau, hatte ich ein höchst überraschendes, denkwürdiges Zusammentreffen mit dem Kaiser Napoleon, von dem ich glaubte, das er in Wilna die Reste seiner Armee sammeln werde. Bei der Ankunft auf der Post in Lomza fand ich keine Pferde, es sollten erst welche herbeigeholt werden. Ich benutzte diese Wartezeit, um in einem Gasthause ein mir sehr nötiges Diner einzunehmen. Als ich nach der Post zurück kehrte standen drei Schlitten, davon ein bedeckter, vor dem Hause und als in die Passagierstube trat, erblickte ich den Herzog von Vicenza, Caulaincourt, der auf einem Tische Geld zählte und zugleich Napoleon, die Tür eines Nebenzimmers öffnend und Caulaincourt zu sich herein rufend. Gleich darauf wurden mehrere Gerichte, die eiligst im Hause und beim Unterpräfekten bereitet worden, in das kaiserliche Zimmer getragen, und Rustan nebst 2 Kurieren, die sich beim Durchtragen der Speisen und der Weinflaschen die Hälfte für sich entnommen hatten, - weil, wie sie äußerten, sie außerdem hungrig weiter reisen müssten, da der Kaiser nicht auf sie warte - tafelten im Passagierzimmer, wo sie mir erzählten, dass der - nach Paris reisende! - Kaiser sich hier umgekleidet und den letzten Anzug, der in einem Mantelsack über die Beresina gerettet worden, angelegt habe. Nach schnell beendigtem Diner trat der Kaiser nebst seinen Begleitern - Caulaincourt, General Lefebvre-Desnouette und einem polnischen Offizier - alle in Moskauer Pelze gehüllt, in das Passagierzimmer, examinierte hier den herbeigerufenen Unterpräfekten nach den Subsistenzmitteln, Pferden pp. die in der Gegend für die Armee zu finden wären und nach einem freundlichen „Adieu Messieurs!" den er an die Umstehenden - den Präfekten, den Postmeister und mich - richtete, setzte er seine Reise über Dresden nach Paris fort, wo er das, die Welt in Erstaunen setzende 29te

Bulletin publizierte, in welchem zum erstenmale von ihm das gänzliche Verunglücken eines Feldzuges eingestanden ward.

In Warschau, wo ich erfuhr, dass der König mich, nebst Cerrini und Fabrice, zum Major ernannt habe, besorgte ich in einem halben Tage meine Aufträge und setze, nachdem ich mir Pelzsachen gekauft, die mir bisher ganz gefehlt hatten, meine Reise nach Dresden fort. Hier hatte ich dem Minister Graf Senfft und General v.Gersdorf viel zu berichten und nach einem nur anderthalbtägigen Aufenthalt ward ich wieder mit Briefen und mündlichen Aufträgen nach Warschau an den General Watzdorf und in das Hauptquartier unseres Korps nach Wolhynien abgesendet.

In Warschau, wo ich nur einen Tag verweilte, erfuhr ich, dass ein Adjutant des Generals Reynier, den dieser ins kaiserliche - nunmehr Murat'sche - Hauptquartier gesendet hatte, von dort mit erfrorenen Füßen angekommen sei und nicht weiterreisen könne. Schon im Begriff zu unserem Korps, das jenseits des Bug bei Szielce stand, abzugehen, nahm ich seine Depeschen pp. mit und verbrachte sie dem General Reynier, dem das letzte Schicksal der großen Armee, die Abreise des Kaisers und die Kommando-Übernahme des Königs von Neapel noch unbekannt waren, da die Kosakenschwärme die Kommunikation mit dem kaiserlichen Hauptquartier unterbrochen hatten. Als ich in meinem Schlitten zu den sächs: Vorposten gelangte, glaubte ich auf Kosaken gestoßen zu sein. Die Lanzenreiter waren aber sächs: Ulanen, die sich und ihre Pferde zum Schutz gegen die vehemente Kälte mit Decken aller Art und Lappen so behangen und umwickelt hatten, dass kein Nationalzeichen zu erkennen war.

Während meiner Anwesenheit im Reynier'schen (sächsischen) Hauptquartier ging das Korps - am 1sten Weihnachtsfeiertage - über den Bug - bei Semiatize - um sich Warschau zu nähern. Mit den Rapports unseres Generalkommandos ging ich über Breslau nach Dresden zurück, wo mich die Anstellung als Chef des Generalstabes des Generals v.Zeschau erwartete.

Die Annäherung der russischen Armee, namentlich des Freikorps von Tschernitscheff, machte es notwendig, die Festungswerke von Torgau, die noch nicht ganz vollendet und geschlossen waren, eiligst in den Stand zu setzen, einem brüsken Angriff widerstehen und möglichst viel Truppen aufnehmen zu können. General v.Zeschau ward zum Gouverneur dieser Festung ernannt, nach welcher Geschütze, Munition, Artillerie- und Ingenieur-Abteilungen, auch die Infanterie-Depots abgingen, letztere, um bei der Ausbildung von 4.000 ausgehobenen Rekruten verwendet zu werden. Mit möglichster Anstrengung ward an den Werken und der Armierung der Festung, sowie an der Formierung der Rekruten in provisorische Bataillons - wobei der Mangel an Offizieren und Unteroffizieren sehr fühlbar war - gearbeitet, so dass bereits Ende März die Festung verteidigungsfähig war und die neuen Bataillone sich schlagfertig darstellten.

1813

Als nun unsere Truppen von Polen nach Sachsen zurückkehrten (wo General Reynier das Kommando niederlegte), Preußen sich mit Rußland verbündete und unser König Dresden verließ und sich nach Plauen, später Regensburg und Prag, begab, da ward Torgau bestimmt, unser Hauptwaffenplatz zu werden und zwar unter Kommando des Generalleutnant v.Thielmann, der mehr als General v.Zeschau geeignet schien sich in dem schwierigen Verhältnis, in welchem sich jetzt unser König zwischen Napoleon und den Alliierten befand, diplomatisch und energisch zu benehmen.

General v.Zeschau musste die Stelle als Gouverneur von Torgau mit der der Bergfeste Königstein vertauschen. In dieser wurden die Schätze des Landes: Kassen, Archive, das grüne Gewölbe, Militärvorräte pp. sicher aufbewahrt. Ich war in meiner Anstellung geblieben und dadurch von einem großen, anstrengenden Wirkungskreis in einen ganz unbedeutenden versetzt worden. Die einzige kriegerische Aktion, die hier vorfiel, bestand darin, dass einige Kosakenabteilungen, die bis an die Festungswerke vorgingen, durch einige Schreckschüsse aus 24-Pfündern zurückgewiesen wurden.

Nach der Schlacht von Lützen erhielt der General v.Zeschau vom preuß: General v.Scharnhorst - seinem Jugendfreunde - beruhigende Nachrichten über den Zustand der alliierten Armee. Mit diesen sendete mich der General nach Prag zum König, um dessen Vertrauen zu der Sache der Alliierten zu beleben. Vor mir waren aber schon Abgesandte Napoleons angekommen, die, nebst anderen Einwirkungen, leider Se Majestät bestimmten, nach Dresden zurückzukehren, Torgau den Franzosen zu übergeben und die sächsischen Truppen wieder mit den französischen zu vereinigen.

General Reynier übernahm nun wieder das Kommando des 7ten Korps, das vorläufig nur aus einer sächsischen Division und einer französischen (Durutte) bestand. Nach erfolgtem Vorrücken der franz: Armee gegen die schlesische Grenze ward ich vom Königstein abgerufen und beim General Reynier als erster sächs: Adjutant ange-

stellt, dabei wurden mir die schriftlichen Geschäfte übertragen, für welche im vorjährigen Feldzuge ein besonderer Chef des Generalstabes (Langenau) angestellt war.
Auf dem, mit einer Ersatz-Kolonne von Dresden angetretenen Marsch zur Armee konnte ich erst in Liegnitz, wo
sich das große kaiserliche Hauptquartier befand, den
Standort des 7ten Korps erfahren. (Hier in Liegnitz lernte
ich beim Herzog von Bassano, der mich zum Diner einladete, den, als Vermittler eines abzuschließenden Waffenstillstandes angekommenen österreichischen General
Bubna kennen.) Dem General Reynier schien meine Ankunft willkommen, da er bisher - seit Torgau - nur 2 junge
Offiziere, die Leutnants v.Funck und v.Schorlemmer, als
sächs: Adjutanten hatte und oft Verständigungen und
Vermittlungen mit dem General Sahr, der unsere Division
kommandierte und zuweilen durch Anordnungen Reyniers zu Requisitionen, Fouragierungen und drgl. die Disziplin gefährdet sah, erforderlich waren.

Reynier war in der franz: Armee geachtet, aber nicht be-
liebt. Er war kalt, verschlossen, einsilbig, tat nichts um
sich populär zu machen, aber er hatte so achtungswerte,
tüchtige Eigenschaften, dass er sich im vorjährigen Feldzug das volle Vertrauen unserer Truppen erworben hatte
und die ich bald hoch schätzen lernte. Nächst ihm hatte
ich meist mit dem Chef seines Generalstabes, General
Gressot, zu tun. Dies war ein liebenswürdiger, wohlwol-
lender Mann, der mir die mir zukommenden, in sein Fach
einschlagenden Geschäfte mit bestimmten Grenzen an-
wies und ohne Einmischung überließ.

Der Waffenstillstand ward abgeschlossen, eine Demarkationslinie bestimmt und das 7te Korps zur Erleichterung
der Komplettierung unseres Kontingents nach Görlitz und
Umgebung zurück verlegt. Hier bezog die Infanterie ein

Barackenlager, Kavallerie und Artillerie kantonierte. So-
wohl hier als in Torgau, wo der General Lecoq die Formierung der Ergänzungstruppen leitete, ward die Zeit
des Waffenstillstandes möglichst benutzt, um bei Wie-
derausbruch des Krieges gerüstet zu sein. Mich sendete
General Reynier mehrmals nach Dresden, um die Absendung nötiger Gegenstände zu betreiben, und nach Torgau
wegen Beschleunigung des Abmarsches der dortigen
Truppen nach Görlitz. Als diese Ende Juni eingetroffen
waren, wurden wieder 2 Divisionen Infanterie gebildet,
die, nebst einer Brigade leichter Kavallerie - Husaren,
Ulanen und Dragoner, ungefähr 1.600 Pferde - und der
Artillerie 15.000 Mann betrugen. General Lecoq übernahm wieder das Kommando des ganzen und speziell der
1sten Division, General Sahr das der 2ten und Oberst Lindenau kommandierte die Reiterbrigade und Oberst Raa-
be die Artillerie. Die Division Durutte war 7.000 Mann
stark, daher das 7te Korps 22.000 Mann.

Der Waffenstillstand ward aufgekündigt und nachdem
am 10ten August - statt des 18ten - Napoleons Geburtstag
in der ganzen Armee festlich gefeiert worden, brach das
7te Korps den 14ten August gegen Baruth auf, wo sich die
französische, gegen Berlin bestimmte Nordarmee, unter
des Marschalls Oudinot Anführung, versammelte. Sie bildete sich aus dem Korps dieses Marschalls, dem 12^{n}, aus
dem 7ten, dem 4ten unter Bertrand und dem Kavallerie-
Korps des Herzogs von Arrighi und betrug 75.000 Mann.

Zur Deckung Berlins und der Mark stand uns gegenüber
die Nordarmee der Alliierten unter Bernadotte, Kronprinz
von Schweden, bestehend aus Preußen, Russen und
Schweden, zusammen über 125.000 Mann wobei 26.000
Mann Kavallerie inkl. 6.000 Kosaken, während unsere
ganze Kavallerie nur 6.000 Mann betrug.

Nachdem am 18ten August der Waffenstillstand abgelaufen war, ward am 19ten in 3 Kolonnen neben einander, unser Korps in der Mitte, gegen Berlin vorgegangen. Ein unbedeutendes Gefecht mit Kosaken machte an diesem Tag den Anfang der Feindseligkeiten.

Unser hiermit begonnener Feldzug zerfällt in 5 Hauptpunkte, nämlich 1) in das Vorgehen gegen Berlin mit der Schlacht bei Großbeeren und dem Zurückgehen bis Wittenberg, 2) das zweite Vorgehen gegen die Armee des Kronprinzen von Schweden mit der Schlacht von Dennewitz und dem Rückzug nach Torgau, 3) in das Beobachten der Elbübergänge zwischen Wittenberg und Aken, 4) Vereinigung mit der großen Armee Napoleons bei Eilenburg und 5) Expedition des 7ten Korps nebst dem Kavallerie-Korps Sebastiani's auf das recht Elbufer über Düben und Wittenberg nach Aken und Zerbst, um das Zurückgehen von der Saale der Armee des Kronprinzen zu veranlassen, und Rückmarsch nach Leipzig zur Schlacht daselbst.

Nur Bemerkungen über den, in so vielen Werken beschriebenen Feldzug und einiges mich persönlich betreffendes, soll hier Platz finden.

Unter sehr ungünstigen Umständen ward der Feldzug angetreten. Das Kommando unserer Armee war in schwachen Händen. Oudinot war ein vortrefflicher Soldat aber kein Feldherr. Die andern Korps-Kommandanten gehorchten ihm nicht. Bei den Beratungen des Operatioplanes war ich - in einem Nebenzimmer der Zusammenkunft - mehrmals Zeuge, dass Reynier mit wortkarger Festigkeit, Betrand mit Heftigkeit und Geschrei, ihre Meinung verfochten und Oudinot dem einen oder dem andern nachgeben musste. Napoleon, der dies Verhältnis erkannte, übertrug nach dem Rückzug von Großbeeren das Kommando der Nordarmee dem Marschall Ney. (Die Truppen, die er ihm von Dresden mitgeben wollte, blieben in Folge der Vandamme'schen Niederlage bei Kulm zurück.) Mit Brutalität nahm Ney - der ebenfalls kein Feldherr war - dem Marschall Oudinot das Kommando ab und alle Vorstellungen Reyniers und Bertrands nicht achtend, ging er der enorm überlegenen feindlichen Armee entgegen, ward bei Dennewitz total geschlagen und entschuldigte seine Niederlage beim Kaiser durch die Angabe: die Sachsen eine geflohen. Dies ward jedoch von Reynier energisch widerlegt. Meinen Bericht über die Schlacht von Dennewitz hatte der General von Gersdorff dem Kaiser Napoleon, auf dessen Verlangen, vorgelegt. In der großen Überlegenheit der feindlichen Armee, die vom besten Geiste beseelt war, während die Franzosen des Krieges überdrüssig waren, lag aber hauptsächlich die Unmöglichkeit Sucesse zu erlangen. Die zahlreiche feindliche Kavallerie, namentlich die einiger Freikorps und die Kosaken, brachten uns fast täglich Verluste bei, schnitten unsere Verbindungen ab und verhinderten die Herbeischaffung von Lebensmitteln. Wir mussten in den Ebenen der sächsisch-preußischen Grenze, wie die Franzosen in Ägypten, in großen Karrees marschieren, in deren Mitte sich die Parks u.s.w. befanden. Zurückbleibende - Marode und Marodeurs - wurden oft unter unseren Augen von den uns überall umgebenden Kosajken niedergestochen.

Das, zu unserer Nordarmee gehörende Kavallerie-Korps bestand fast ganz aus neuen Leuten und war wohl das schlechteste der ganzen Armee. Es hatte in dem ganzen Feldzug keinen glänzenden, glücklichen Tag, aber viele unrühmliche aufzuweisen. In der Schlacht von Dennewitz waren diese Reiter - Chasseurs und Husaren - weder zu einem Angriff noch zum Aushalten im Feuer zu bringen. Beim Antritt des Rückzugs überritten sie eins unserer Schützenbataillone.

Aufs Unglücklichste hatte sich die Furcht vor den Kosaken bei den neuen französischen Soldaten verbreitet. Als ich, begleitet von einem Offizier und einer Husaren-Ordonnanz, vor der Schlacht von Leipzig einen Übergang über die Parthe suchte, deren rechtes Ufer von Kosakenposten besetzt war, kamen uns 2 franz: Dragoner entgegen, die ein Kosak verfolgte. Ich rief ihn zu, bei uns halten zu bleiben, aber sie erreichten eben einen Landgraben, sprangen von den Pferden und suchten sich zu verstecken. Die komischste Szene dieser Art erlebte ich bei Dessau. Hier ritt der General Reynier eines Morgens nach den Vorposten, begleitet von seiner ganzen Suite von Adjutanten und Eskorte. Als wir uns im Galopp einer französischen Feldwache näherten, von hinten, nicht von der Seite wie früher, lief die ganze Wachmannschaft, 10 - 12 Mann, einem nahen Gebüsch zu, um sich dem vermeintlichen Kosakenangriff zu entziehen. Der allein zurückgebliebene Offizier des Postens rief dem General verzweiflungsvoll zu: Ah mon Général, les Messieurs s'en vont![3]

Der Überdruss an dem, keine Opfer scheuenden, keine Ruhe gebenden ewigen Kriegführen, den selbst die franz: Generale verrieten, die Entmutigung, welche die Übermacht des Feindes bewirkte, die keinen glücklichen Ausgang des Krieges hoffen ließ, vornehmlich auch der Mangel an Subsistenzmitteln auf dem erschöpften Kriegsschauplatz, diese Umstände hatten die franz: Truppen in

---

[3] „Ah, Herr General, die Herren gehen einfach weg!" Auch hier besten Dank an Oliver Schmidt.

hohem Grade demoralisiert und die Disziplin aufgelöst. Bloß aus Unmut zerstörten sie Wohnungen und zündeten Dörfer an, in denen sie keine Lebensmittel fanden. Als dies nicht bloß in Preußen - in Feindesland - sondern auch in Sachsen geschah, wurden unsere Soldaten empört darüber. Täglich fielen zwischen ihnen und den Franzosen Streitigkeiten - oft blutige - vor, die den General Rynier, der die Sachsen möglichst vertrat, oft sehr in Verlegenheit setzten. Das unter solchen Verhältnissen die wiederholten Aufforderungen der Alliierten, sich der deutschen Sache anzuschließen, den längst gehegten Wunsch belebten, lässt sich denken.

Vor Ende des Feldzuges erlebten wir noch eine recht günstige Periode als wir, während der Beobachtung der Elbübergänge, im Dessauischen Stellung nahmen, wo nicht allein Lebensmittel in Fülle vorhanden waren, sondern auch mehrere größere Gefechte mit glücklichem Erfolge geliefert wurden. Bei einem derselben nahm ich, mit einer Abteilung von Reynier's Eskorte, 12 schwedische Husaren im Schlossgarten von Oranienbaum gefangen. Der Hofgärtner, vor dessen Wohnung dies vorfiel, regalierte mich - um eine Sauvegarde zu bekommen - mit einem Körbchen voll Pfirsichen und Weintrauben, die mir, aus einer kargen Gegend kommend, wie Früchte aus einer anderen Welt erscheinen. Aber nicht bloß Früchte, sondern auch Gefangene und Beutepferde führte mir persönlich der Zufall in diesem Feldzug zu. Als wir (das 7te Korps) in der Schlacht von Dennewitz zur Linken des 4ten Korps aufmarschierten, umgab uns eine dicke Staubwolke, die es verhinderte, eine links von uns zum Vorschein kommende Truppenmasse zu unterscheiden. Um zu sehen, ob es Freund oder Feind wäre, ritt ich darauf zu, aber kaum 20 Schritt weit gekommen, machte ein mir

entgegenkommender preußischer Ulanenunteroffizier
neben mir Halt und frug, auf unsere, noch in Staub ge-
hüllte Linie zeigend: „Ist das von uns?" Mein Gegner hatte den Säbel gezogen, ich nicht; daher blieb mir nichts
übrig, als ihn zu überraschen. Indem ich ihm laut zu-
schrie: Gefangen! riss ich ihm den Säbel aus der Faust
und befahl ihm abzusitzen. Meine Ordonnanz bemäch-
tigte sich seines Pferdes. Durch seine Aussage wurden
wir unterrichtet, dass Kavallerie vom Bülowschen Korps
links von uns nahte. Auf dem Rückzug vom Schlachtfeld
nach Torgau gerieten, bei großer Dunkelheit im Walde,
Reiter eines preuß: Freikorps, das bei Annaburg biwakier-
te, in unsere, bunt durcheinander marschierende Kolonne. Als ich ich bei einem derselben erkundigen wollte, zu
welchem Korps er gehöre, erkannte ich die preuß: Uniform, nahm ihn gefangen und veranlasste durch mein
Zurufen das Festnehmen mehrerer seiner Kameraden.
(Die Pferde, die dabei in unsere Hände fielen, waren fast
alle rotzig.)

Einige Nachträge zu dieser Feldzugsperiode habe ich
noch aphoristisch beizufügen.

Beim Vormarsch unsrer Nordarmee hatte eine Abteilung
des Feindes bei Nunsdorf eine Stellung auf einer, hinter
einer sumpfigen Niederung gelegenen Höhe genommen,
von der er durch unsere Schützen und das Feuer einer
Batterie vertrieben ward. Beim Tiraillieren fiel der Hauptmann v.Francois, der von Torgau aus mit dem General
v.Thielmann zu den Alliierten übergegangen und in preußische Dienste getreten war, durch die Kugel eines Schützen seiner vormaligen Kompanie.

———

Bei Wittstock, ebenfalls beim Vorgehen gegen Großbeeren, musste die Division Durutte, an der Spitze unseres
7ten Korps, einen von Geschütz bestrichenen langen
Damm mit einer Brücke über einen von morastigen Ufern
umgebenen Bach passieren. Die Division bestand größtenteils aus Konskribierten, die zum erstenmal ins Feuer
kamen. Sie folgte aber ohne zu Stocken ihrem braven
General Durutte durch den Kugelregen und warf den jenseits stehenden Feind zurück. General Reynier beauftragte mich, der Division eine andere Stellung anzuweisen,
als sie genommen. Bei der Bewegung, die sie hierzu
machte, erfolgte ein plötzlicher Angriff von im Holz verborgen gewesenen Kavallerie. Karrees, die schnell formiert werden sollten, kamen nicht zu Stande, aber es
bildete sich eine Masse, die durch Schießen und Bajonett
wiederholte Versuche der Reiter, einzudringen, zurück
wiesen. (In dem Klumpen war ein unbehaglicher Zustand
für die zu Pferd befindlichen Offiziere - zu denen ich gehörte - da die neuen Soldaten ihre Gewehre aufs Gera-
tewohl in alle Richtungen abschossen.)

Diese Truppe, die auf ihre erste Waffentat - bei der sie
keine Zeit zum Besinnen gehabt hatte - stolz sein konnte,
zeigte sich am folgenden Tag, in der Schlacht von Großbeeren, wo sie hinter den beiden sächs: Divisionen als
Reserve stand, aber freilich im Bereich des konzentrier-
ten feindlichen Geschützfeuers, feig. Ganze Abteilungen
verließen ihre Reihen, um fortzulaufen. Einer ihrer Briga-
de-Generäle ritt in Verzweiflung zu dem Kommandanten
unserer in der Nähe haltenden Ulanen und bat ihn, die
Fliehenden aufzuhalten. Mit flachen Hieben wurden sie
zurückgetrieben.

———

Während unzählige Kugel nicht treffen, richtet dagegen zuweilen eine einzelne viel Unheil an. Eine Granate, die (bei Großbeeren) vor der Front der Husaren-Schwadron des Rittmeisters v.Feilitzsch sprang, tötete und verwundete 14 Mann und Pferde.

Ein arges Gewirr entstand bei Großbeeren, als anhaltender Regen den Pulverrauch niederdrückte und bei eintretender Dämmerung man Freund und Feind nur ganz in der Nähe unterscheiden konnte. Da die nass gewordenen Gewehre nicht mehr losgingen, so wurde mit Bajonett und Kolben gekämpft. Der General v.Sahr bekam einen Bajonettstich in die Brust und musste zurückgebracht werden. Der Wald in unsrem Rücken, durch den wir in die früh verlassene Stellung bei Wittstock zurückgingen und die Dunkelheit, hielten den Feind von unserer Verfolgung ab. Die Truppen blieben während der Nacht diesseits der Dammbrücke, bei der General Reynier einige Stunden im größten Regen verweilte, um den Übergang der Geschütze und Fuhrwerke sowie der Blessierten zu beschleunigen. Als er mit Anbruch des andern Tags mit, vom Regen losgeweichter, herabhängender Hutkrempe die gelichteten Reihen schweigend durchritt und den Zustand der Geschütze übersah, zeigte sein Gesicht den Ausdruck großer Niedergeschlagenheit. Er leitete aber den Rückzug auf Wittenbergs gut, dass wir, ohnerachtet der Feind uns oft an gefährlichen Stellen beizukommen suchte, ohne weitere Verluste die Verschanzungen vor Wittenberg erreichten.

Das 7te Korps war erzürnt, dass bei der Schlacht das uns nahe stehende 12te Korps nicht zu Hilfe gekommen war.

Dem Operationsplan zu Folge sollte freilich erst am nächsten Tag die Vereinigung unserer Armee vor Berlin, wo man eine Schlacht erwartete, stattfinden. Man war nicht von der Nähe der feindlichen Hauptarmee unterrichtet und Oudinot hatte geglaubt, Reynier habe es nur mit der feindlichen Arriergarde zu tun. Unstreitig hätte dieser, als er die feindlichen Massen nahen sah, die Schacht nicht mit seinem Korps allein annehmen dürfen.

———

Oudinot marschierte auf dem Rückzug nach Wittenberg mit seinem 12ten Korps rechts von dem unsrigen und war am meisten den Angriffen des Feindes ausgesetzt. Entweder, um das ihm speziell untergebene 12te Korps zu schonen oder aus Vertrauen auf Reynier's Talent, ordnete er während des Marsches an, dass sich die Kolonne des 12ten Korps durch die des 7ten - das schon so große Verluste erlitten hatte - durchziehen und dieses rechts, auf der äußeren Seite marschieren solle. General Reynier opponierte sich aber gegen diese Anordnung mit seltener Heftigkeit und befahl, unsere Kolonne nicht durchkreuzen zu lassen. Nun blieb die Marschordnung unverändert.

———

Eine merkwürdige Pedanterie des Ingenieur-Offiziers, der interimistisch unsere Sappeur- (Pionier-) Abteilung kommandierte, hätte leicht üble Folgen haben können. Am zweiten Tag des Rückzuges von Großbeeren hatte ich den Kolonnenweg, den General Reynier ausersehen, bezeichnen lassen und dem Sappeur-Kommandanten angewiesen, bis früh 6 Uhr eine, über einen sumpfigen Bach führende Brücke für Artillerie-Fuhrwerke herzustellen. Als ich kurz vor dem Aufbruch nach dem bezeichneten Platz ritt, um den Bau zu sehen, fand ich die Sappeurs noch unterwegs und die Arbeit noch nicht angefangen. Der Offizier entschuldigte sich, durch Rechnungseingaben an die Intendanz abgehalten worden zu sein. Den geschickten und geübten Sappeurs, denen ich Infanteristen zur Unterstützung herbei holte, gelang es, die Brücke zur rechten Zeit herzustellen. Kaum war sie, nach dem Übergang der Fuhrwerke abgebrochen, rückte der Feind an.

————

Nachdem ein Angriff des Feindes bei Kropstädt zurück gewiesen worden, kam die Armee bei Wittenberg an, das befestigt war und außerhalb, auf der Nordseite, eine mit Schanzen versehene Stellung darbot. In diese rückten wir. Am Tage nach dem Einrücken begab sich der Marschall Oudinot mit den anderen Korps-Kommandanten und den Chefs der Generalstäbe nach Wittenberg, um den Zustand der Befestigungen zu besichtigen und alle, bei einem ernsthaften feindlichen Angriff zu erwägenden Fälle zu besprechen. Während diese Chefs sich von den Truppen entfernt hatten, brach der Feind plötzlich aus dem Walde hervor, drängten die Vorposten der Division Durutte, bei denen ich mich zufällig befand, zurück und führte eine Batterie auf einer Höhe auf, von der er einen Teil unserer Stellung bestreichen konnte. Ich eilte, dies dem General v.Lecoq zu melden, da er eine von seiner Division besetzte Verschanzung kommandierte, diese nicht verlassen konnte, mich autorisierte, die nächsten disponiblen Truppen-Abteilungen zur Unterstützung der Vorposten vorzuführen. Die Ulanen, die reitende Batterie Birnbaum und einige Infanterie der Division Durutte eilte mit mir dem Feind entgegen, der Verstärkung zu erwarten schien. Unsere Batterie übertraf sich selbst. Sie fuhr nahe von der feindlichen auf, demontierte dieser 2 Ge-

schütze und beschoss wirksam die vorrückenden Ti-
railleurs, deren Flanke die Ulanen bedrohten. Jetzt kam
der Marschall Oudinot mit vielen Generälen, von Wittenberg zurück, auf dem Platze an und war Zeuge von dem
trefflichen Schießen unsere Artillerie, der allgemeines
Lob zu Teil ward. Der Feind zog sich zurück. Sein Angriff
schien nur den Zwecke einer Rekognoszierung gehabt zu
haben. General Reynier billigte, was ich getan und war
sehr erfreut, dass die sächs: Artillerie, die er protegierte,
sich bewährt hatte.

_____

Von der guten Meinung, die General Reynier von unserer
Artillerie hatte und beim Vergleich mit den, größtenteils
neuen, ungeübten franz: Artilleristen haben konnte, gab
derselbe später einen Beweis.

Bei der Affaire von Coswig, wo Reynier mit der Division
Guilleminot und dem Kavallerie-Korps von Sebastiani so
gut manövrierte, dass der Feind, der Coswig noch vertei-
digte, als er schon umgangen war, sich nur mit großem
Verlust durchschlagen konnte. Am Abend waren eine
Menge Generale versammelt, mit denen er den Gang des
Gefechts besprach. Er klagte über die schlechte Bedienung der franz: Batterien, die ein Defilee, dass der Feind
passieren musste, ohne Wirkung beschossen hatten, und
äußerte: „wenn ich die sächs: Artillerie vorne gehabt hätte, wäre die ganze feindliche Infanterie nebst Geschützen
gefangen worden." - Ich hatte eine franz: Batterie vorzuführen in einem Moment, wo der Erfolg vom schnellen
Schießen abhing. Da war es kläglich zu sehen, wie viel
Zeit verloren ging, um auf die Geschütze gebundene
Heubündel zu beseitigen, abzutrotzen und zu schießen.

_____

Zur Schlacht von Dennewitz

Als bei dieser unser 7tes Korps auf dem Kampfplatze, zur Linken des 4ten, das Ney zuerst gegen den Feind geführt hatte, in eine dicke Staubwolke gehüllt, aufmarschierte, hörten wir in unserm Rücken, auf der eben verlassenen Straße, Hurra-Geschrei und Schießen. Kosaken und Ulanen eines Freikorps hatten sich auf unsere Bagage geworfen und angefangen, die Wagen teils zu plündern, teils weg zu führen, wurden aber von den Ulanen des Dobrowskyschen Korps, das bei Wittenberg zu unserer Armee gestoßen war, vertrieben. (Der Kutscher meines Wagens entkam den ihn umringenden Kosaken durch seine Entschlossenheit und die Schnelligkeit der (Graditzer) Pferde, bekam aber dabei einen Lanzenstich in die Seite.)

_____

General Reynier hielt lange im Kartätschenfeuer auf einer Höhe, von der er den wiederholten Angriff der Brigade Mellentin auf Gölsdorf übersehen konnte. Hier ward sein Lieblingspferd, das er von unserem König erhalten, in den Hals verwundet. Mich traf eine matte Kartätschenkugel unsanft in die Seite, ohne mich zu verletzen. Dies war die einzige Kugel, die mich je getroffen hat.

_____

Ein Gendarm des Hauptquartiers, der oft betrunken war und in Reyniers Suite ritt, prellte an mein Pferd und sein Oberleib fiel auf dessen Hals. Erzürnt wollte ich ihn fortstoßen, da sah ich, dass ihm eine Kanonenkugel den Leib zerrissen hatte. Mir blutige Spuren hinterlassend, fiel er tot vom Pferd.

_____

Auf dem Rückzuge von Dennewitz kam Reynier's Kolonne - wenn man die gemengte Truppenmasse so nennen kann - in der Nacht an ein Dorf, an dessen Eingang wir eine sächs: Batterie trafen, die hier hielt und den Weg versperrte. Verwundert frug ich die Artilleristen, wie sie hierher gekommen wären? und erstaunte als sie sagten: Die Batterie sei gefangen und befinde sich in Feindes Händen. Nach weiteren Fragen erzählten sie: die Batterie habe einen kürzeren Weg durch den Wald genommen und vor allen anderen Truppe dies Dorf erreicht, hier seien sie von Kosaken und Ulanen umringt und gefangen worden. Diese hätten 2 Geschütze nebst der Bedienung und den Offizieren links vom Dorfe an einer Brücke, über welche eine Straße gehe, abgeführt und der zurückbleibenden Mannschaft, welcher alle Waffen abgenommen worden, angekündigt, dass sie sich nicht von der Stelle rühren solle, widrigenfalls sie niedergestochen werden würde. In diesem Augenblick bestätigten einige Kanonenschüsse die Richtigkeit der Aussage. Wir überließen die Sorge, die beiden feindlich gewordenen Geschütze wieder auf unsere Seite zu bringen, den auf dieser Straße marschierenden Truppen und setzten unsern Marsch mit dem, aus einer sonderbaren Gefangenschaft befreiten, Teil der Batterie fort. In Torgau waren wir am folgenden Tag so glücklich, die beiden verlorenen Geschütze nebst dem größten Teil der Mannschaft wieder zu erhalten. Ein württembergischer Offizier, der, an der Spitze einer Infanterie-Abteilung über die Brücke gegangen war und die feindliche Kavallerie verjagt hatte, lieferte die Kanonen ab.

―――

Von der Dennewitzer Schlacht habe ich noch zu erwähnen, dass, als die feindliche Armee auf allen Punkten siegreich vordrang, und nachdem auf dem rechten Flügel unserer Armee schon teils Flucht und Auflösung einge-treten war, Ney, der sich immer auf diesem Flügel aufge-halten, den Befehl zum Rückzug, aber ohne alle höhere Bestimmung gegeben hatte, der Marschall Oudinot ver-zweiflungsvoll zum General Reynier geritten kam und diesen frug: wohin und auf welcher Straße der Rückzug zu nehmen sei? Dieser antwortete lakonisch: auf dem kürzesten Wege nach der Festung Torgau!

Früh 6 Uhr kamen wir in Annaberg an, nachdem wir 24 Stunden marschiert und im Gefecht gewesen waren. Hier ward 1 Stunde gerastet, damit sich Menschen und Pferde erholen konnten, doch blieb die Rast nicht ungestört; Ko-saken machten Angriffe, bei denen wir Verluste hatten. Dadurch war ich genötigt, eine ersehnte Tasse Kaffee, die Oberforstmeister v.Reitzenstein, bei dem General Reynier abgetreten war, bewirten ließ, im Stiche zu lassen und ich war froh, als wieder aufgebrochen ward, beim Vorbeirei-ten am Soldatenknaben-Institut eine der Portionen Brot-suppe zu verlangen, die eben den Knaben als Frühstück gereicht ward und die ich auf dem Pferd aus dem Topf löffelte.

Mittags kamen wir in Torgau an. Als ich bei Gerstenbergs eintrat, kannten mich diese nicht, weil mein Gesicht und Anzug mit fingerdicken Staub bedeckt war. Mir und mei-nem trefflichen Pferd, von dem ich in 36 Stunden nur zweimal abgestiegen war, um es an ein Wasser zuführen, wo es seinen Durst löschte und das noch nicht, wie fast alle andern, sich erschöpft zeigte, tat nun einige Ruhe sehr wohl.

Marschall Ney, mit den Truppen, die ihm gefolgt waren, kam erst spät Abends an. Er hatte viele Gefangene verloren und ward bis unter die Kanonen von Torgau verfolgt, weil er, durch einen weiten unnützen Umweg über Schweinitz, dem Feind Zeit gelassen hatte, ihn zu erreichen.

Ein Division des 4ten Korps hatte sich nicht tapfer gehalten und viele Flüchtlinge derselben hatte ihre Gewehre weggeworfen. Diese mussten auf Ney's Befehl so lange mit einer Stange, an die oben ein Strohwisch befestigt war, hinter ihren Abteilungen marschieren, bis sie wieder Gewehre erhalten konnten.

Der Major v.Metzrad war bei Dennewitz, wie bei Wagram, in die Brust geschossen. Auf einem Artilleriewagen kam er, fast sterbend, in Torgau an. Seiner ungewöhnlich kräftigen Konstitution hatte er es zu danken, dass er geheilt ward.

In Torgau wurden unsere beiden Infanterie-Divisionen in eine formiert und das Kommando derselben dem Gen.ltn. v.Zeschau übertragen. General Lecoq ging nach Dresden zum König und General sehr war bereits wegen seiner Blessur zurückgegangen. General v.Gablenz nahm Urlaub wegen leidender Gesundheit und Oberst v.Lindenau übernahm das Kommando der Kavallerie-Brigade (Ulanen und Husaren). Bei den Franzosen ward das 12te Korps aufgelöst. Die Division Guilleminot dieses Korps verstärkte das 7te. Marschall Oudinot bekam ein Kommando bei der kaiserlichen Garde.

Nach den verunglückten Versuchen der franz: Nordarmee gegen Berlin, erhielt selbige die Bestimmung, das linke Elbufer von Torgau bis Aken zu beobachten und einen Übergang der feindlichen Nordarmee, mit der sich Blücher vereinigte, zu verhindern.

Nach dem Übergang des Yorkschen Korps auf das linke Elbufer bei Wartenburg verließ unsere Nordarmee die Stellung an der Elbe und marschierte längs der Mulde bis Eilenburg. Hier hielt Napoleon, der endlich Dresden verlassen hatte und seine Hauptarmee vor Leipzig konzentrierte, Revue über die Truppen und forderte sie auf, sich in der bevorstehenden Schlacht gut zu schlagen. Unserer Division sagte er dabei, dass die Preußen nach dem Besitz Sachsens trachteten. Er sprach lange, aber nicht mit der elektrisierenden Zuversicht, die früher seine Anreden charakterisierte. Die neben uns aufgestellten französischen Kolonnen riefen enthusiastisch: „Vive l'Empereur!" Die Sachsen schwiegen und zeigten dadurch deutlich ihre Stimmung. Vor der Revue unterhielt sich Napoleon lange mit Reynier und sehr kurz mit Ney. Von ersteren verlangte er, für eine flüchtige Rekognoszierung der Muldeufer, einen mit der Gegend bekannten sächsischen Offizier als Führer. Da ward mir die Ehre zu Teil, dass er Fragen über Brücken, Furten, Straßen pp. an mich - aber ziemlich kurz und mürrisch - richtete, die ich bestimmt beantworten konnte, da ich in Eilenburg in Garnison gestanden.

Gleich nach dieser Revue brach unser Korps zu den auf Berlin gerichteten Scheinangriff auf, wobei die Division Dobrowsky und das Kavallerie-Korps von Sebastiani unter Reyniers Befehle traten. Dieser brachte, durch eine meisterhafte Disposition einer Division des Tauenzienschen Korps bei Coswig eine tüchtige Niederlage bei, wobei über 300 Gefangene gemacht wurden. Ich hatte die Umgehung des linken feindlichen Flügels zu führen, die eine schnelle Entscheidung herbeiführte. Diesem Gefecht, an dem die sächs: Division nicht Teil nahm, hatte ich das Offizierskreuz der Ehrenlegion zu danken.

Wegen der bevorstehenden Hautschlacht ward Reynier's Korps eiligst vom rechten Elbufer gegen Leipzig zurück gerufen. Tag und Nacht marschierten wir von Aken über Wittenberg bis Düben. Der Nachtmarsch vom 14ten zum 15ten Oktober, wo todmüde Menschen und Pferde bei strömendem kalten Regen, auf grundlosen Wegen, in denen Geschütze und Fuhrwerke fast versanken, im Stockfinsteren, vorwärts eilen mussten, gehörte zu schlechtesten oder härtesten Aufgaben, die im Kriege vorkommen können.

In Düben, wo wir am 15ten Oktober eintrafen, sollte Reynier weitere Befehle vom Kaiser erwarten. Diese bleiben aber selbst am Vormittag des 16ten aus, während von früh an der Kanonendonner von Leipzig her schallte. Nun, Mittags, entschloss sich Reynier sich bis Schönwölkau dem Schlachtfeld zu nähern. Mit der Meldung von dieser Bewegung und um Befehle für die weitere Bestimmung einzuholen, entsendete er mich an den Prinzen von Neuchatel und gab mit einen Ordonnanz-Offizier mit, damit dieser ohne Aufenthalt mit den Befehlen des Kaisers zurückkehre, während ich unserm König, den Napoleon mit nach Leipzig genommen hatte, über die letzten, Ihm noch unbekannten Vorgänge beim 7ten Korps, Bericht erstatten sollte. Diesem Auftrag fügte er einen vertraulichen, seine wohlwollende Gesinnung beweisenden, bei. Er trug mir nämlich auf: im Fall ich gesehen haben würde, dass die Alliierten Sieger wären, dem König zu sagen, dass er (Reynier) breit sei, die sächs: Truppen zu Seiner Disposition zu stellen.

Glücklich gelangte ich durch die, bis aufs rechte Partheu-
fer streifenden Kosaken der Blücherschen Armee zum
Prinzen von Neuchatel, den ich, nebst dem Kaiser, bei
Stötteritz fand, und vernahm von ihm, dass bereits ein
Offizier an Reynier mit dem Befehl abgegangen sei, über
Eilenburg in die Schlachtlinie zu rücken, worauf ich meinen Begleiter, der Sicherheit halber, über Eilenburg nach
Schönwölkau entsendete und mich nach Leipzig zum König begab. Ohnerachtet die Schlacht bis zum Abend noch
ganz unentschieden geblieben war, hatte Napoleon in
Leipzig ein Sieges-Tedeum angeordnet, dem, als ich hier
ankam, der König so eben in der kath: Kapelle beigewohnt hatte. Alles, was ich sah und von den Umgebungen des Königs hörte, zeigte, dass an eine Trennung von
der franz: Seite ich nicht zu denken sei, dennoch erwähnte ich bei der Meldung, die ich dem König erstattete, die
Seinen Interessen günstige Gesinnung Reynier's. Dieser
hatte am folgenden Tage, 17ten Oktober, selbst eine Audienz bei Se Majestät.

Am 17ten früh rückte unser Korps zwischen der Eilenbur-
ger und Wurzner Straße in die Schlachtlinie. Marschall
Ney hatte hier - auf dem linken Flügel der franz: Stellung
- das Kommando. Die Schlacht ruhte an diesem Tage, der,
durch die Ankunft der polnischen Armee unter Bennigsen, die Einschließung der Franzosen vollendete. Nur
die Straße nach Lützen war ihnen noch offen.

Am 18ten früh begann der gewaltige Entscheidungskampf
von Neuem. Da mich an diesem Tage nichts beschäftigte
und absorbierte als der Entschluss und die Ausführung
des für uns so wichtigen Schritts, aus den Reihen der
Franzosen zu den Alliierten überzutreten, so werde ich
auch nur hiervon erzählen.

Welche mächtigen Einwirkungen und Motive führten den, mit einem großen moralischen Kampf verbundenen Entschluss, ohne Genehmigung des Königs uns den Alliierten anzuschließen, herbei! Diese hatte uns wiederholt in Proklamationen aufgefordert, der großen heiligen Sache der Befreiung Deutschlands von Napoleon's Sache beizutreten und nicht länger den, die Deutschen mißachtenden, Franzosen zu helfen, unser Vaterland zu verlieren. Siegten diese jetzt wieder, so schwand jede Aussicht auf eine bessere Zeit und wurden sie besiegt, so konnten wir nur erwarten, dass die Reste unserer Armee von ihnen mit fortgeführt wurden. Die Alliierten hatten erklärt, dass der Anschluss der Sachsen an die deutsche Sache die Integrität unseres Landes sichern solle und jetzt sahen wir unsern König als als Geisel in Napoleons Hauptquartier; daher gehindert, sich und seine Armee Napoleons Herrschaft zu entziehen. Diese Unfreiheit des Königs und die Betrachtung, dass die Armee noch der einzige Staatskörper oder Repräsentant der Sachsen sei, der ihre deutsche Gesinnung jetzt noch im entscheidenden letzten Augenblick aussprechen und bestätigen könne, bestimmten am 18ten Oktober den Entschluss, dem keine frühere Verabredung voraus gegangen war.

Am 18ten früh, gleich nach Anfang der erneuerten Schlacht, ward die von der, bei Paunsdorf aufgestellten Infanterie, beim Heiteren Blick isoliert postierte, Kavallerie-Brigade von einer, ihr weit überlegenen Kavallerie-Abteilung bis und zwischen unsere Batterien zurück geworfen. Dem, sich vor dem Kartätschenfeuer, zurück ziehenden Feinde folgte sie und ging zu ihm über. General Reynier war nicht darüber verwundert, da er die Stimmung der Sachsen kannte, nachdem schon früher ein Bataillon und mehrere Kavallerie-Patrouillen übergegangen waren. Unser Kommandierender, General v.Zeschau, ließ den ihn sehr betrübenden Vorfall durch einen Offizier seines Generalstabes, den Hauptmann v.Nostitz, dem Könige melden und um Verhaltungsbefehle in Betreff der zurück gebliebenen Truppen - auf deren Bleiben nicht zu rechnen sei - bitten. Die Generale, mit Ausnahme Zeschaus, der zu keinem eigenmächtigen Handeln zu bewegen gewesen wäre, und die Truppen-Kommandanten beschlossen nun alles vorzubereiten, damit, im Fall Hauptmann v.Nostitz die Nachricht bringe, dass sich der König nicht entschließen könne, die Armee von den Franzosen zu trennen, der Übergang sogleich erfolge. Die Offiziere wurden hiervon unterrichtet, die Mannschaften nicht, man konnte auf ihre Bereitschaft, die Franzosen zu verlassen, rechnen. Als nach mehreren Stunden Hauptmann v.Nostitz zurück kam und den Befehl überbrachte, die Pflichten des bisherigen Dienstverhältnisses ferner zu erfüllen, ging die Artillerie, deren Batterien in vorderster Linie im Feuer standen, im Galopp zu den Alliierten über und die beiden Infanterie-Brigaden, die vor und neben Sellerhausen aufgestellt waren - die erste in Linie, die 2te in Kolonne - folgten, ohne sich vom General v.Zeschau, der es verhindern wollte, aufhalten zu lassen. Marschall Ney sendete ihnen Franz: Kürassiere nach, diese wurde aber, ehe sie die Sachsen erreichen konnten, durch eine englische Raketen-Batterie schnell zum umkehren gebracht. General Reynier ritt, als er sah, dass unsere Batterien ihre Stellung verließen, dem Kommandanten derselben bis in die Kosakenlinie nach. Nachdem die Artillerie nicht hatte aufgehalten werden können, gab er die Infanterie auf und suchte nun die entstandene Lücke durch die Division Durutte möglichst zu decken.

Die Sachsen waren von den Alliierten mit den freudigsten Hurra! empfangen und den, zu den Monarchen gerufenen Generalen von beiden Kaisern die tröstende Versicherung gegeben worden, dass die sächs: Truppen durch ihr Verlassen der franz: Sache die Integrität des Landes gerettet hätten. Der König von Preußen hat jedoch dabei lakonisch bemerkt: „Kommen spät die Herren Sachsen."

Mir persönlich ward es, moralisch und örtlich, sehr erschwert, mich meinen Kameraden anzuschließen und ihnen zu den Alliierten zu folgen. Ich hatte mich gleich ihnen für den Übergang erklärt, konnte und wollte daher nicht zurück bleiben - was auch einen zweideutigen Schein auf mich hätte werfen können - aber in meiner Stellung, den General Reynier, den ich hoch achtete, der mir bis zu diesem Augenblick Vertrauen bezeigte und an dessen Seite ich mich während des Vorrückens unserer Truppen befand, unter seinen Augen zu verlassen war mir unmöglich. Die spätere Ausführung, gegen Abend, erleichterte General Reynier selbst, indem er mir riet in Leipzig beim König, wohin sich auch der General v.Zeschau begab, den weiteren Ausgang zu erwarten. Ich gelangte eher als dieser in die Stadt, deren Zugänge durch Fuhrwerk aller Art gewaltig verstopft waren, und setzte den General v.Gersdorf von dem erfolgten Übergang in Kenntnis, wobei ich ihn beschwor, den König zu bewegen, diesen Schritt der Armee für seine Stellung zu den Alliierten zu benutzen. Hierauf kehrte ich, begleitet von meiner Ordonnanz aufs Schlachtfeld zurück, ward bei Sellerhausen, wo ich eine Chaine von Kaiserlicher Garde-Kavallerie - Guiden - aufgestellt fand, die den Befehl hatte, keinen Sachsen mehr vorzulassen, mehrmals angehalten, erreichte aber, mich an eine eben vorgehende Tirailleurlinie anschließend, die feindlichen Reihen, die ich

unbeachtet passierte, da das Gefecht ihre ganze Aufmerksamkeit beschäftigte. Ruhig weiterreitend traf ich
auf die Reserve-Kavallerie der Bennigsenschen (polnischen) Armee, deren hintere Kolonnen bereits abgesessen waren, um zu biwakieren. Ihr Anführer, General
Tschaplitz, nahm mich freundlichst auf und suchte mich,
bis nächsten Morgen bei ihm zuzubringen, da die einbre-
chende Nacht das Aufsuchen meiner sächs: Kameraden
verhinderte. Eine Menge Generale und Offiziere umring-
ten mich und drückten lebhafte Freude aus, dass, dem
Beispiel der Sachsen folgend, alle deutschen Truppen
sich mit den Alliierten vereinigen würden. Bei Paunsdorf,
wo ich vergangene Nacht mit General Reynier zuge-
bracht, ward biwakiert. Hier stärkte meine sehr erschöpften Lebensgeister ein Souper, wozu mich General Tschaplitz einladete, bestehend aus Scheiben getrocknetem Ka-
viar und trefflichem Tee.

Ganz früh am nächsten Morgen, 19ten Oktober, stellte
mich General Tschaplitz dem General en Chef Graf Bennigsen vor, der mich einladete, ihn bei einer Rekognoszierung gegen die Stadt Leipzig, in der Richtung des
Grimmaschen Tores, zu begleiten. Als diese im lebhaften
Kugelregen beendigt war, ordnete er das Vorrücken der
Batterien und der Infanterie an und ersuchte mich, die
sächs: Artillerie ungesäumt zum Angriffe auf die Stadt
herbei zu holen. Dabei erfuhr ich, dass die Sachsen bei
Engelsdorf, in hinterer Linie, aufgestellt seien. Als Führer
dahin diente ein Kosak. Beim General v.Ryssel, der unsere Truppen kommandierte, angekommen, entledigte ich
mich meines Auftrages, aber, wie ich gehofft, ging er
nicht auf die Zersplitterung unseres kleinen Korps ein.

Nachdem Leipzig von den Alliierten genommen war, erhielt General v.Ryssel vom Fürsten Schwarzenberg den

Befehl, der österreichischen Armee-Abteilung zu folgen, welche sich gegen Zeitz dirigiere. Der Feldmarschalleutnant Fürst Reuß, der sie kommandierte, hielt während unseres Marsches, bei Connewitz zwischen Haufen Gebliebener, Revue über uns.

Bei unserem Eintreffen in Zeitz fanden wir den österreichischen Kaiser daselbst. General v.Ryssel benutzten diesen, ihm glücklich scheinenden Umstand, erbat sich eine Audienz bei Se Majestät und trug dem, unserer königlichen Familie so nah verwandten und befreundeten Monarchen die dringende Bitte vor, sich unseres Königs, seines Landes und seiner Armee schützend und wohlwollend anzunehmen. Der Kaiser erwiderte, er wolle gern tun, was er könne, die Angelegenheit unseres Königs und Bestimmungen über die Armee würden aber von den drei alliierten Mächten gemeinschaftlich in Leipzig reguliert. Graf Metternich sei deshalb noch dort. Für den Fall, dass die Konferenzen noch nicht geendigt seien, könne der General schleunigst nach Leipzig zum Metternich fahren oder mich - ich hatte den General begleitet - dahin senden, um unsere Wünsche vorzutragen. Graf Wrbna, der zugegen war, solle ein paar Zeilen mitgeben. Sobald diese geschrieben waren, bestieg ich meinen kolossalen Rappen (der mir bei Dennewitz zugefallen war) und ritt kuriermäßig nach Leipzig, wo aber bereits alle Bestimmungen getroffen und der Kaiser von Russland, der König von Preußen und Graf Metternich teils abgereist, teils in der Abreise begriffen waren. Von den sächs: Behörden vernahm ich mit tiefem Schmerz, dass unser König nebst Familie als Gefangener nach Berlin transportiert und das Land unter ein russisches provisorisches Gouvernement gestellt werde. Das Kommando der sächs: Truppen war dem, in russische Dienste getreten, General Thielmann übertragen, der sie bei Leipzig schnell neu formieren und möglichst komplettieren solle. Ein Teil derselben ward zur Belagerung Torgaus unter General Tauenzien bestimmt.

Vom 19ten Oktober habe ich noch, mich persönlich betreffend, nachzutragen: Als ich gegen Mittag dieses Tages, nachdem mich der General Bennigsen entlassen, bei unseren Truppen ankam, war es mir, nach den Gemütsbewegungen der letzten Tage, unbeschreiblich wohltuend von meinen Kameraden mit unverkennbarer Freude empfangen zu werden. Sie wussten, dass ich nicht freiwillig zurück bleiben würde und hatten daher geglaubt, ein wesentlicher Unfall sei mir begegnet.

Sobald die Nachricht zu uns - bei Engelsdorf - kam, dass die Alliierten in Leipzig eingedrungen seien, beauftragte mich der General Ryssel bei Se Majestät dem König den, zur Rettung des Vaterlandes eigenmächtig unternommenen Schritt zu entschuldigen und ihm die treue Ergebenheit der Armee auszudrücken. Dieses Auftrages konnte ich mich aber nicht mehr beim König persönlich entledigen, da er, als ich Leipzig erreichte, bereits als Gefangener der Alliierten behandelt ward. Ich konnte nur die Generale v.Gersdorf und v.Zeschau bitten, unser Organ bei ihm zu sein.

Um in die Stadt zu gelangen, hatte ich mich einer, in dieselbe als Sieger einziehenden Kolonne angeschlossen. Dadurch ward ich Zeuge von den rührenden Freudenbezeugungen, dem dankbaren Enthusiasmus der Bewohner dieser geretteten, befreiten Stadt. Aus allen Fenstern wehten weiße Tücher und stürmisches Vivatrufen begrüßte die einziehenden Sieger. Betrübend kontrastierte damit die Niedergeschlagenheit die ich im Hause des Königs fand.

1813 - 1814

Der russische Fürst Repnin ward zum General-Gouverneur von Sachsen ernannt. Seine Instruktionen und Weisungen erhielt er vom russischen Kaiser und vom Minister Stein. Er war unbekannt mit der Verfassung und den Einrichtungen des Landes und fand es in einem traurigen Zustand. Lange Zeit war es Kriegsschauplatz zahlloser Armeen gewesen, war verheert und erschöpft. Der Typhus hatte sich über mehrere Kreise schrecklich ausgebreitet, in den Städten waren die Hospitäler mit Blessierten und Kranken überfüllt, Dresden und Torgau waren noch in den Händen der Franzosen und wurden belagert, Durchmärsche von Russen und Preußen hörten nicht auf, wobei den russischen Landwehren die ihnen noch fehlenden Ausrüstungsgegenstände geliefert werden mussten, und unter diesen Umständen sollte die Armee komplettiert und ausgerüstet, eine Landwehr von 22.000 Mann Infanterie und 4.000 Mann Kavallerie errichtet und baldmöglichst an den Rhein gesendet werden. Zu alldem der König in Gefangenschaft und die Aussicht, dass Sachsen vielleicht eine preußische Provinz wurde!

General Thielmann, der das Kommando unserer Truppen übernommen, erhielt vom Fürst Wolkonsky, Generalstabs-Chef des russ: Kaisers, den Befehl, mit dem sächs: Korps zur Armee des Kronprinzen von Schweden aufzubrechen. Mit einer Darstellung der Unmöglichkeit, unter 3 bis 4 Wochen marschfertig zu sein, sendete er mich ins russische Hauptquartier, das ich in Schweinfurt traf. Hier fand ich den Prinzen Bernhard von Weimar, der unserer Armee angehörte, beurlaubt gewesen und jetzt dem russischen Generalstab attachiert war. Da er sich unter den Russen nicht gefiel, so schlug ich ihm vor nun, wo wir den Alliierten angehörten, sein Kommando eines Garde-

Bataillons wieder zu übernehmen. Mit der ihm eigenen Entschlossenheit erbat er sich sogleich die Erlaubnis vom Kaiser Alexander und reiste, seine Equipage nachfolgen lassend, mit mir bis Weimar zurück. Der Herzog Karl August, sein Vater, freute sich der Rückkehr des Prinzen und ließ mich an einem der viel gerühmten, durch geistreiche Gesellschaft und Unterhaltung gewürzten Soupers bei Frau v.Heigendorf (Jagemann) teilnehmen, bei welchem auch Prinz August von Preußen, der die Belagerung von Erfurt leitete, ein Gast war.

Noch an dem Tage meiner Rückkunft nach Leipzig übertrug mir General Thielmann eine ähnliche Sendung an den Kronprinz von Schweden, zu dessen Nordarmee die Sachsen kommen sollten. Von Halle aus fehlten auf den Posten Wagen und ich musste meine Kurierreise, bei gräßlichem Weg und Wetter, auf elenden Postpferden reitend fortsetzen. Vor Göttingen, bergab trabend, stürzte eines dieser Tiere und ich ward dabei so vehement auf einen Steinhaufen geworfen, dass ich nur mit großer Anstrengung und unter Schmerzen weiter reisen konnte. Da erschien, wie ein Deus ex machina, ein großer Reisewagen, der eben an mir vorüberfahren wollte, aber anhielt, um mich aufzunehmen. Der preuß: General v.Krusemark, der ebenfalls ins Hauptquartier des Kronprinzen von Schweden reiste, wo er als preuß: Militär-Kommissär angestellt war, hatte mich erkannt (Ich hatte in Wilna 5 Monate mit ihm verlebt; er war ein Kollege des Generals v.Watzdorf) und ladete mich ein, mit ihm zu fahren. Wie wohl mir es tat, von einem Postsattel auf ein weiches Wagenkissen zu kommen, will ich nicht beschreiben. Die Mitteilungen über den Feldzug bis zur Schlacht von Leipzig, in welchem wir uns gegenüber gestanden, waren unerschöpflich. Mit Indignation sprach General v.Krusemark von dem politisch-militärischen Benehmen des Kronprinzen.

Derselbe erteilte mir gleich nach meiner Ankunft in Hannover Audienz, erinnerte sich, dass ich in der österreichischen Kampagne Adjutant der Grenadier-Brigade gewesen sei, war unzufrieden, dass General Thielmann Aufschub des Abmarsches aus Sachsen erbat, und versicherte mich eine große Vorliebe für die Sachsen zu haben und unseren König hoch zu verehren, auch werde er den Degen nicht in die Scheide stecken - dabei schlug er theatralisch auf sein Degengefäß - bis Se Majestät seinem Lande wiedergegeben sei. Ich hatte aber vom General v.Krusemark gehört, dass ihn nichts kümmere, als sich den schwedischen Thron zu sichern und sogar daran denke, den französischen zu erlangen. Unter der Masse von Generalstabsoffizieren und Adjutanten vieler Nationen zeichneten sich die schwedischen durch Arroganz und Dünkel aus.

Zwei sächs: Offiziere - Rittmeister Pflugk und Forstner - die im Frühjahr beurlaubt gewesen und nicht zu ihren Regimentern zurück gekehrt waren, traf ich hier in mir unbekannten Uniformen. Pflugk war in die deutsch-russische Legion, Forster ins Hanseatisch-Mecklenburger Korps getreten und beide überbrachten Meldungen an den Kronprinzen. Die deutsche Sache sanktionierte damals alle dergleichen Dinge.

Bei meiner Zurückkunft nach Leipzig kündigte General Thielmann mir an, dass der General v.Vieth, dem vom Minister Stein die Formierung der sächs: Landwehr übertragen worden, mich zu seiner Assistenz - als Sous-Chef der Landesbewaffnung - verlangte und er das Gesuch genehmigt habe. Dadurch vom mobilen Korps getrennt zu werden war mit höchst unerwünscht, indes General Thielmann versicherte mich, dass, sobald das Wesentliche der Formierung beendigt sei, ich zur Armee abgehen solle.

Es war eine schwere Aufgabe in dem verheerten Lande, wo zunächst für die Armee gesorgt waren musste, und wo sich gleichzeitig ein Korps Freiwilliger - Banner genannt - aus der Elite der jungen Leute bildete, eine Landwehr von einigen und zwanzig Tausend Mann auszuheben, auszurüsten und in Regimenter formiert, marsch- und schlagfähig herzustellen. Letzteres war am schwierigsten, da die Linientruppen, denen noch längere Zeit alle in Russland befindlichen sächs: Gefangene abgingen, nur wenige Offiziere und Unteroffiziere abgeben konnten und die Zahl der noch einigermaßen dienstfähigen pensionierten Offiziere, die wenigstens bei der Formierung helfen konnten, gering war.

Indessen - das Werk ward mit gutem Mute begonnen. General v.Vieth war ein tätiger, gewandter Geschäftsmann und zwei tüchtige Offiziere, Hauptmann v.Gersteberg und Rittmeister v.Senfft wurden zu meinerAssistenz, als Adjutant, angestellt. In jedem Kreise ward ein Komitee (Ausschuss) von Notabeln gebildet, der die dem Kreis zukommende Quote von Mannschaften auszuheben, zu bekleiden, das erforderliche Geld aufzubringen und Vorschläge zu Besetzung der Offiziersstellen einzureichen hatte. Sehr viel Freiwillige - zum Teil durch die Auszeichnung, ein ein Kreuz von grünem Tuch auf der Brust tragen zu dürfen, angefeuert - meldeten sich zum Eintritt und der Enthusiasmus für die Befreiung Deutschlands bewirkte, dass von allen Seiten, von Reichen und Armen, freiwillige Gaben an Geld und Bekleidungsgegenständen an die Kreisausschüsse eingingen. Die Bewaffnung lieferten die von den Franzosen genommenen oder zurück gelassenen Gewehre. Aber die Besetzung der Offiziersstellen bot die größte Schwierigkeit dar. Über die, von den Ausschüssen vorgeschlagenen Subjekte, wurden nach Möglichkeit Erkundigungen eingezogen und nur die gewählt, deren Erziehung, Beruf und Lebensweise genügende Qualifikationen versprachen. Daher konnten viele Kompanien nur 2 Offiziere erhalten.

Der allgemeinen Begeisterung für die Befreiung Deutschlands und der Bereitwilligkeit, die größten Opfer zu bringen sowie der angestrengtesten Tätigkeit der Kreisausschüsse war es zu danken, dass trotz alle Hindernisse und Schwierigkeiten in Zeit von wenigen Monaten 6 Infanterie-Regimenter zu 3 Bons und eine Kavallerie-Abteilung - 22.000 Mann - formiert werden und größtenteils nach im Laufe des Winters nach Belgien abmarschieren konnten.

Außer der Landwehr war noch ein Korps: „Banner der freiwilligen Sachsen" genannt, formiert worden, das selbstständig bestehen sollte - und doch nicht konnte - und der Landwehr und Linie viel nötige und nützliche Elemente entzog.

Dies Korps entstand dadurch, dass zwei angesehene sächsische Patrioten, Herrn.Carlowitz und Herr v.Miltitz, die während des Feldzuges in Sachsen sich dem Minister Stein als eifrig deutsch gesinnte Männer bekannt gemacht hatten, von diesem nach der Schlacht von Leipzig die Genehmigung erhielten, freiwillige Streiter fürs Vaterland aufzurufen, ein Korps aus allen Waffengattungen aus ihnen zu bilden und gegen den Feind zu führen. Herr v.Carlowitz, der die Stelle des Chefs übernahm, ward zum General und Herr v.Miltitz als Kommandant der Kavallerie zum Obersten ernannt. Beide waren, beim Besten Willen, ganz unfähig eine Truppe zu organisieren und zu führen, auch hatten sie zugleich Stellen im General-Gouvernement angenommen, die sie abhielten, sich der Organisation des Banners zu widmen. Die Ratschläge der dabei angestellten Offiziere der Armee gefielen dem, sehr zur Romantik geneigten General Carlowitz weniger, als die abenteuerlichen und unpraktischen Vorschläge einiger junger Leute. Wochen vergingen über Diskussionen in Betreff der Art der Formierung, besonders auch der Uniformierung, die für das Kavallerie-Regiment, um jeden Geschmack zu befriedigen, die Teilung in Jäger und Husaren, in kostspieliger Ausstattung herbei führte. Viele sich gemeldeter oder bereits eingetretener Freiwilliger, denen die Verzögerung des Aufbruchs ins Feld zu sehr mißfiel, schlossen sich den preuß: Freiwilligen an oder traten in die Landwehr - und so war es nicht zu verwundern, dass, als bereits, nach 4 Monaten, schon Landwehr-Regimenter Teil am Feldzuge genommen, selbst die Anzahl der Infanterie und Kavallerie, auf die man sich zuletzt beschränken wollte, noch nicht komplett und marschfähig war. Die Ergänzung der Kavallerie erfolgte durch eine Schwadron Landwehr-Dragoner und eine Batterie nebst Train sowie die Abteilung Pioniere lieferten die Depots der Armee auf Anordnung des General-Gouvernements.

Als sich nun der Aufbruch immer noch verzögerte, weil die Infanterie den festgesetzten Etat nicht erreicht hatte, so ward die Ungeduld und Unzufriedenheit der Freiwilligen so laut und Auflösung befürchten lassend, dass der Abmarsch aus Sachsen unter Kommando des Obersten v.Miltitz angetreten ward. Da die Banner-Chefs nicht wünschten, mit dem sächs: Armeekorps vereinigt zu werden, so war vermittelt worden, dass der Banner zur russischen Garde stoßen sollte.

Beim Aufbruch war das 2te Bataillon in Merseburg zurück geblieben, weil demselben noch Mannschaften und Ausrüstungsgegenstände fehlten, auch war die Stelle des Kommandanten des Infanterie-Regiments noch nicht besetzt. Da ward mir dies Kommando und zugleich die Direktion der Administration (Intendanz) des Bannerkorps übertragen. So sehr ich eine Anstellung bei der Armee vorgezogen hätte, wo aber durch die Rückkehr der in russischer Gefangenschaft gewesenen Offiziere alle Stellen besetzt waren, so nahm ich doch dies, mit unangenehmen Verhältnissen verbundene Kommando und begab mich ohne Aufenthalt nach Merseburg, wo ich, unterstützt dich den General v.Vieth, der mir Freiwillige der Landwehr-Reserve überließ und vom General-Intendanten, der die nötige Ausrüstung lieferte, die Formierung des Bataillons in 14 Tagen vollendete. Ich benutzte diesen Aufenthalt durch Selbstexerzieren einzelner Kompanien und des Bataillons mich praktisch zu üben, da ich seit 4 Jahren nicht in der Linie gestanden hatte.

Um baldigst den abmarschierten Banner zu erreichen, bei dem der Mangel eines Intendanten sehr fühlbar war, reiste ich dem Korps mit Post nach. Als dasselbe Aschaffenburg erreicht hatte, traf zur Verzweiflung der Freiwilligen die Nachricht von dem zu Paris abgeschlossenen Frieden und dass keine Truppen mehr vorrücken sollten ein. Glücklicherweise war aber das Blockadekorps vor Mainz, dass der Herzog von Coburg kommandierte, noch zu schwach und der Banner erhielt die Bestimmung, dazu zu stoßen und auf der Nordseite der Festung die Stellung von Hechtsheim einzunehmen. In diesem Dorfe, dem Hauptquartier des Banners, nahm auch ich mein Quartier.

Meine Stellung und mein Wirkungskreis gestalteten sich über Erwarten gut. Im Oberst v.Miltitz, der das Kommando führte (General v.carlowitz war nach abgeschlossenem Frieden angekommen und nach Paris gereist), lernte ich einen im Umgange liebenswürdigen Mann kennen, Offiziere und Freiwillige zeigten mir Vertrauen und den besten Willen und die Intendantur-Geschäfte, die ich in großer Unordnung fand, weil Einheit und Direktion gänzlich gefehlt hatten, wurden mir durch Hilfe und Unterstützung des Regiments-Quartiermeisters Walther und des Kassiers Fleischer sehr erleichtert. Alte Freunde, die ich beim Banner fand - Sperl, Röder, Wehrmann - und das Offizierskorps meines Regiment, fast ohne Ausnahme aus gebildeten, wohlgesinnten Männern bestehend, machten mir das Leben in dem neuen Verhältnisse möglichst angenehm. Die Anstellung im Banner gab mir keine Gelegenheit zu kriegerischen Taten und militärischen Leistungen, aber sie gab mir Gelegenheit und Veranlassung, Missgriffe des Kommandos zu verhindern und Maßregeln abzuwenden, die auf die, von den Chefs gehoffte, Vereinigung Sachsens mit Preußen berechnet waren.

Die Aufstellung vor Mainz bot eine gute Übung im Vorpostendienst dar. Als der franz: Festungskommandant die Bonbons anerkannt hatte, war es ein befriedigendes Schauspiel für uns Deutsche, die zahlreiche franz: Garnison durch die en haye aufgestellten Reihen des Blokadekorps abziehen und deutschen Boden verlassen zu sehen.

Die Infanterie und Artillerie nebst Pionieren des Banners wurden zur Festungsbesatzung bestimmt. Ich übernahm das Kommando derselben, während Oberst v.Miltitz mit der Kavallerie kantonierte. Der Wachdienst, das tägliche Exerzieren nach beendigtem Kriege, die Kasernen pp. gefielen zwar den Freiwilligen nicht, sie zeichneten sich aber vom mehreren andern, namentlich vor den Freiwilligen des Großherzogtums Berg, die sich dem Garnisonsdienst opponierten, vorteilhaft durch guten Geist, Disziplin und anständiges, ruhiges Betragen aus. Der Herzog von Coburg bezeigte seine Zufriedenheit mit diesem guten Betragen bei einer der Revuen, die er oft über sein ganzes Korps hielt. Es war mir jedoch sehr erwünscht, als wir durch Österreicher in Mainz abgelöst wurden und wieder in die schönen Umgebungen in Kantonierung rückten.

Ein sehr tragisches Ereignis hatte den Banner auf dem Marsch aus Sachsen nach dem Rhein betroffen. Ein Offizier (Leutnant v.Hausen) und 65 Freiwillige des 1sten Bataillons waren bei Miltenberg im Main ertrunken. Für die Fähre, welche das Detachement vom linken auf das rechte Ufer übersetzen sollte, war die Last zu groß und zu schwankend gewesen; sie war in der Mitte des Stromes umgeschlagen und Niemand ward gerettet. Ein Monument am Ufer bezeichnet den Punkt der Überfahrt. Wiederum ein unglücklicher Fall, der mich speziell sehr betrübte, trat am Tage vor dem Antritt des Rückmarsches ein. Der Leutnant v.Watzdorf, 2ter Sohn des Generals, erschoss sich in Wiesbaden, wohin ich ihn beurlaubt hatte. Er war von seinem Vater meiner Fürsorge empfohlen, daher beunruhigte mich der Gedanke, das Spielverlust o. dergl. die Veranlassung seines Selbstmordes sei; aber in Wiesbaden, wohin ich mich sogleich begab, hörte ich, dass er, als dort von einem aus Paris kommenden Diplomaten erzählt worden: Sachsen komme zu Preußen, ein vor ihm liegendes Pistol ergriffen und, den Lauf in den Mund bringend, abgedrückt habe, ehe ein dabei befindlicher Darmstädter Offizier es verhindern konnte. Der junge Mann hatte seinen ganzen Lebensplan auf eine Hof-Karriere gerichtet.

Als der Befehl zur Rückkehr der Truppen in die Heimat eingegangen war, beschloss der Herzog von Coburg, an der Spitze eines Teils seines sich auflösenden Korps - der herzogl: sächs: Truppen und des Banners - in seine Residenz Coburg einzuziehen. Wir marschierten daher nicht den nächsten Weg nach Sachen sondern über Würzburg nach Coburg, wo Offiziere und Mannschaften 2 Tage festlich bewirtet wurden; und von hier über Saalfeld, Neustadt/Orla, Chemnitz und Freiberg nach Dresden. Hier wurden die Individuen des Banners, die in ihre früheren Verhältnisse zurück treten wollten, entlassen. Ein Teil der Fußjäger und Schützen verstärkte die Schützenbataillone der Armee und ein Teil der Freiwilligen, die unter der Ägide ihrer Chefs ihr Glück im preuß: Dienst machen wollten, blieben als Banner-Rest beisammen.

Mir ward im Kriegsministerium - 4te Sektion des General-Gouvernements genannt - die Kommando-Abteilung übertragen. Kommunikation mit dem Kommando der mobilen Truppen, Sendungen zur Komplettierung derselben pp. waren das wesentliche Geschäft meiner Sphäre, für welche ich, wie in der Kanzlei der Landwehr, den Rittmeister Senfft und Hauptmann v.Gerstenberg zur Seite hatte. Unser Sektions-Chef, gewissermaßen Kriegsminister, war General v.Carlowitz (der Bannerchef, der als Geschäftsmann höchst komisch war, da er die größte Geschäftsscheu durch originelle und geistreiche Betrachtungen und Bemerkungen zu maskieren suchte). Sehr schwer war es, Unterschriften von ihm zu erlangen. Selbst die dringendsten verschob er und forderte lächelnd auf zu bedenken, welche Verantwortung und Garantie man durch eine Unterschrift übernehme.

1815

Zu Anfang des Jahres 1815 trat Russland das General-Gouvernement, d.h. die Verwaltung Sachsens an Preußen ab. Bei diesem Wechsel ward preuß: Seits angeordnet, dass jede Abteilung des Kriegsministeriums (der 4ten Sektion) auch einen reuß: Vorstand, außer dem sächsischen (zur Kontrolle des letzteren im preuß: Interesse) erhalte solle. Diese Stellung schien mir unwürdig, ich bat um eine Anstellung bei den Truppen und erhielt interimistisch das eben offen gewordene Kommando eines in Dresden befindlichen, nicht kompletten, gewissermaßen als Depot dienendem Garde-Bataillon. Diese Truppe war schön und ihrem Landesherrn so ergeben, dass es mir schwer ward, ihre oft tätliche Animosität gegen großsprecherische, anmaßende Preußen in Schranken zu halten. An meinem Bataillons-Exerzieren nahmen die zunächst zum Eintritt in die Armee bestimmten Kadetten teil. General v.Vieth, der Kommandant des Kadettenkorps geworden war, traf diese Maßregel.

In Folge der Rückkehr Napoleons von Elba und der damals unzweifelhaft eintretenden Teilung Sachsens, ward von Wien aus angeordnet, die beurlaubte Landwehr schleunigst einzuberufen und 6 Regimenter à 3 Bataillons dergestalt zu formieren, dass drei aus den an Preußen abzutretenden Provinzen und drei aus den sächsisch bleibenden aufgestellt wurden. Der Militär-Gouverneur, General v.Gaudi, übertrug, unter Kontrolle des, dem preuß: Interesse gänzlich ergebenen, General-Intendanten v.Ryssel, mir das Geschäft dieser Formierung, eben meiner Bekanntschaft mit der Organisation und dem Personal der Landwehr. Als die Einteilung nach den ungefähr anzunehmenden Grenzen entworfen war, und ich dem General v.Gaudi, der mich frug, ob ich das Kommando eines der preußisch werdenden Regimenter und, mit den besten Empfehlungen, den Eintritt in diesen Dienst wünsche? erklärt hatte, dass ich den königl: sächs: Dienst nicht verlassen wolle, so ward mir das Kommando des Meißner-Oberlausitzer Regiments - provisorisch - zu Teil. Das ich dasselbe bei der, nach der Teilung des Landes nötig werdenden Armee-Formierung nicht beraten würde, sagte ich mir selbst.

Bei dem Wohlwollen, dass mir der General v.Gaudi zeigte, der den Ruf hatte, ein rechtlicher Mann zu sein und viel bei seinem König galt, sprach viel dafür, mich für den preuß: Dienst zu erklären. Die Provinz meiner Geburt, wo meine Verwandten lebten, war zur Abtretung an Preußen bestimmt, dem König von Sachsen blieben, wie bereits bekannt war, mehr Offiziere als er für die reduzierte Armee brauchen konnte und die Ansichten auf Avancement und größere Wirkungskreise in beiden Armeen waren nicht zu vergleichen. Aber das brutale, arrogante Benehmen, dass sich viele Preußen gegen die Sachsen gestatteten, konnte nur abstoßend und verletzend auf letztere wirken. Bei Lüttich war auf eine heillose, kein Gefühl für Recht und Treue schonende Weise die Teilung der Truppen erzwungen worden, ehe der König sie ihres Eides entbunden hatte. Der preuß: General-Gouverneur in Sachsen, Minister v.Recke und sein Gehilfe, Geheim-Rat v.Bülow behandelten die Ergebenheit an unseren König wie ein Verbrechen. Die sächs: Gefangenen von Großbeeren und Dennewitz wurden in Berlin aufs empörendste behandelt u. dergl. mehr. Mit den Eindrücken von diesen Vorgängen und Verhältnissen vereinte sich die, den Sachsen damals innewohnende Pietät für den verehrten, greisen König, die durch sein hartes Schicksal neu belebt worden war, so dass ich, festhaltend an dem kamerad-

schaftlichen Bande, das die Sachsen treu bleibenden Individuen vereinigte, den Entschluss fasste, den ich mir
bereut habe.

Bei der Ausrüstung und Ausbildung meines Regiments
ward ich durch den Formierungsort - Dresden - sehr begünstigt. Wir waren die Behörden vereinigt, die so vieles
befördern und gewähren konnten und einen großen Vor-
teil bot die Kaserne dar, in welcher alle 3 Bataillone Unterkommen fanden. Eine Anzahl pensionierter Offiziers
und kommandierter Unteroffiziers trugen dazu bei, dass
ich schon das Exerzieren in Bataillons und im Regiment
vornehmen konnte, während die Landwehr in der Provinz sich erst noch in Kompanien formierte.

Bald trat aber nun der Zeitpunkt ein, wo ich dies, fast un-
abhängige Kommando mit dem eines Bataillons der Linien-Infanterie vertauschen musste. Die Teilung und Neu-
formierung der Armee fand statt. Drei Infanterie-Regimenter, denen die 3ten Bataillone fehlten, erhielten diese
von der Landwehr, indem aus der tüchtigsten Mannschaft der letzteren Bataillone formiert und sogleich zur
Armee abgesendet werden sollten. Das Bataillon, dass
ich aus dem Meißner Landwehr-Regiment zu formieren
hatte war bestimmt, unser meinem Kommando dem Regiment Prinz Anton zugeteilt zu werden. (Der Rest der
Landwehr lieferte noch ein, zum mobilen Korps abge-
hendes, so genanntes Reserve-Regiment und Mannschaften für die Depots.) Zur Ergänzung der meinem Bataillon
fehlenden Offiziere hatte der Regiments-Kommandant,
Oberst v.Einsiedel, von den am Niederhein stehenden
beiden Bataillonen gut gewählte Offiziere nach Dresden
abgesendet. Unter diesen war für den Adjutantenposten
der Leutnant v.Hennig bestimmt. Ohnerachtet er bei seiner Ankunft mir noch ganz unbekannt war, gewann ich

ihn, seiner trefflichen und gemütlichen Eigenschaften halber, sehr bald lieb, und er ward in der Folge ein treuer Freund meiner Familie.

Nachdem die übrigen, fürs mobile Korps bestimmten, aus der Landwehr formierten 5 Bataillons marschfertig waren und der, mit unsrem König nach Dresden zurück gekommene Generalleutnant v.Zeschau, in seiner Funktion als Kriegsminister, Revue über selbige gehalten hatte, ward unter Kommando des Generalleutnants v.Nostitz der Marsch zum mobilen Korps angetreten. Dieses war nach der Teilung vom Niederrhein nach dem Elsass zu den Österreichern gezogen worden, wo es unter dem Kommando des Herzogs von Coburg und dem Oberkommando des Generals Frimont die Blockaden der Festungen Schlettstadt und Neu-Breisach übernahm.

Der Marsch von Dresden über Frankfurt, Heidelberg, Fort Louis, wo der Rhein überschritten ward, nach Schlettstadt am Fuße der Vogesen, war die angenehmste Reise die ich hatte machen können. Das Land, das wir durchzogen und die Witterung waren schön. Ohnerachtet unterwegs Exerzieren in der Brigade und Übungen der neuen Mannschaften im Felddienst pp. vorgenommen wurden, so blieb doch oft Zeit zu Besichtigung interessanter Umgebungen außerm Marsch- und Rastquartier. So machte ich, begleitet vom Prinzen, Exkursionen nach dem Melibokus, nach Mannheim, Baden auf den Ottilienberg pp.

Bei der Ankunft in Schlettstadt hielt der kommandierende General v.Lecoq Spezialrevue über die neuen 6 Bataillone, wobei mit dem meinigen seine volle Zufriedenheit bezeigte. Ich fühlte mich glücklich, wieder mit meinen Kameraden vom mobilen Korps vereint zu sein, namentlich mit den alten treuen Freunden Minckwitz, Nostitz,

Senfft (der Adjutant des Herzogs von Coburg geworden war), Zedlitz, Rudolph Schönberg, Sahr pp. Vom Revueplatz aus rückte ich in die Stellung des Blockadekorps vor Schlettstadt, das der Oberst v.Einsiedel kommandierte. Die Übungen und der Vorpostendienst hielten mich vom frühesten Morgen bis in die Nacht, zu Pferde und zu Fuß, im Freien. Da das von meinem Bataillon besetzte Terrain durch mehrere Arme der Iller durchschnitten wurde, so ließ ich am Ufer stehende mächtige Eichen fällen, die beim umfallen Brücken bildeten. Zu dieser Arbeit und zum Anlegen neuer Wege benutzte ich die Zimmerleute der Kompanien, die sich zu einer brauchbaren Pionier-Abteilung ausbildeten. Vortreffliche Verpflegung und Wein im Überfluss erleichterten jede Anstrengung.

Das sächs: Korps ward sehr erfreut durch die Ankunft der beiden jungen königl: Prinzen Friedrich und Clemens mit ihrem Mentor General v.Watzdorf. Sie kamen von Paris, hielten Revuen über die Truppen und beehrten ein Fest, dass ihnen General v.Lecoq im Barackenlager von Breisach gab, mit ihrer Gegenwart. Noch einem festlichen Tag veranlasste der Geburtstag des Generals v.Lecoq, der hoch verehrt ward, besonders weil er in der Zeit, wo General Thielmann die Sachsen kommandierte und sich bei jeder Gelegenheit feindselig gegen unseren König und für die Annexierung Sachsens an Preußen aussprach, als freier Sachse aufgetreten war und deshalb unwürdige Behandlung zu erdulden gehabt hatte.

Die Besatzung von Schlettstadt fügte sich dem 2ten Pariser Frieden und verließ die Festung. Breisach, das General v.Leysser lieber gestürmt als blockiert hätte, folgte bald dem Beispiele Schlettstadts. Nun wurden Urlaubsgesuche von Offizieren zu Exkursionen bewilligt. Ich erhielt 10 Tage Urlaub nach der Schweiz.

Die Erinnerungen des Herrn v.Schreibershofen setzen sich noch bis 1856 fort. Da mit der Teilung der Armee und dem Verbleib als Okkupationskorps in Frankreich die Grenze meine Interessengebietes erreicht ist, beende ich an dieser Seele die Wiedergabe.

$$\mathbb{)} \, \overset{\star}{\underset{\star\star}{}} \, \mathbb{(}$$

Alphabetisches Verzeichnis der im Text erwähnten sächsischen Offiziere

(Name, Vornamen /Dienstgrad mit Patent bei der Ersterwähnung im Text / Jahr der Ersterwähnung und Seiten mit Erwähnung)

Below, Adolph Heinrich Carl von / Prem.leutnant 16.11.1805 / 1807 43

Biela, Christian Wilhelm von / Sousleutnant 30.03.1807 / 1807 26

Boblick, Heinrich Adolph von / General d. Inf. 22.06.1805 / 1805 11

Bredow, Curt Otto von / Oberstleutnant 29.10.1801 / 1805 7 f.

Bünau, Heinrich von /Prem.leutnant 11.08.1805 / 1807 39

Cerrini, Clemens Fransiskus Xaver von / Major 04.12.1812 / 1812 90

Charpentier, George von / Sousleutnant 15.05.1801 / 1805 10

Egidy, Christoph August von / Capitän 13.08.1804 / 1809 69

Elterlein / Leutnant (nicht zu bestimmen, da es 1805 5 Leutnants dieses Namens in der Arme gab) / 1807 28

Einsiedel, Curt Hildebrand von / Oberst 30.07.1812 / 1815 130, 132

Fabrice, Friedrich von / Prem.leutnant 01.04.1810 / 1810 80, 90

Forstner, Friedrich Peter Carl Gottlieb Freiherr von / Souleutnant 26.06.1810 / 1812 86, 120

Funck, Carl Wilhelm Ferdinand von / Major 16.05.1801 / 1806 22, 68 f.

Funck, Adolph Ludwig Max. von / Sousleutnant 28.12.1809 oder Franz Leopold von / Sousleutnant 28.03.1810 / 1813 93

Gablenz, Franz Adolph von / Oberstleutnant 15.07.1805 / 1806 18 f.

Gablenz, Heinrich Adolf von / Generalmajor 17.06.1812 / 1813 108

Gersdorf, Carl Friedrich Wilhelm von / Major 28.03.1807 / 1807 32 f. 35, 45, 68 f., 74, 80, 82, 90, 96, 114, 117

Gerstenberg, Carl Friedrich Ernst von / Sousleutnant 25.08.1802 / 1807 26, 121, 127

Gutschmidt, Christoph Siegmund Freiherr von / Oberst 16.07.1805 / 1806 15 f., 46, 75, 80

Hartitzsch, Friedrich George von / Oberst 18.01.1807 / 1807 41, 45, 49 f. 55, 58 f., 69

Hennig, Gustav Ferdinand / Sousleutnant 06.05.1810 / 1815

Itzstein, George von / Premierleutnant 22.08.1805 / 1807 26 f.

Könitz, Johann Adolph von / Major 16.08.1803 / 1805 7 f.

Langenau, Friedrich Carl Gustav von / Sousleutn. 27.08.1805 / 1807 32 f., 39, 66 ff., 71, 73

Langenau, Eduard George Wilhelm von / Sousleutnant 22.06.1805 / 1810 75

Lecoq, Carl Christian Erdmann Edler von / Generalmajor 17.03.1809 / 1809 58 f., 75, 80, 83, 94, 103, 108, 131 f.

Lenz, Johann Ludw. Adolph von / Premierleutnant 10.02.1808 1810 80

Leonhardi, Carl August von / Prem.leutnant 03.02.1803 / 1805 8, 13

Lichtenhayn, Carl Ludwig von / Premierleutnant 01.09.1806 / 1806 23

Lindenau, Adam Friedrich August / Oberst 24.01.1813 / 1813 94, 108

Metzradt, Carl August von / Capitän 14.10.1809 / 1809 62, 69, 80, 108

Minckwitz, Johannes von / Sousleutnant 18.06.1803 / 1810 80f., 131

Nostitz, Carl Friedrich Ernst von / Generalmajor 21.02.1810 1815 131

Nostitz, Gustav von / Premierleutnant 13.10.1809 / 1810 80, 113, 131

Niesemeuschel, Wilhelm Hanns Christoph von / Generalleutnant 22.04.1802 / 1806 20

Oertzen, Friedr. George Hennig von / Sousleutnant 25.11.1801 1807 42

Pflugk, August Gottlob / Sousleutnant 08.10.1806 / 1807 27

Pflugk, Friedrich August / Kapitän 13.02.1811 / 1814 120

Polenz, George Friedrich August von / Generalleutnant 23.07.1804 / 1807 32, 45

Raabe, Gustav Ludwig Ferdinand / Oberstleutnant 27.01.1813 1813 94

Röder von Bomsdorf, Otto Carl Wilhelm / Sousleutnant 06.07.1810 / 1810 80 f., 125

Römer, Anton Friedrich von / Capitän 18.11.1797 / 1810 80, 86

Ryssel, Xaver Gustav Reinhold von / Generalmajor 22.09.1813 1813 115, 128

Sahrer von **Sahr**, Heinrich Adolph/ Sousleutnant 27.04.1807 o. Dietrich August/ Sousleutnant 29.12.1802 / 1807 38, 80, 132

Sahr, Carl Ludwig Sahrer von / Generalleutnant 14.05.1813 1813 93 f., 101

Schierbrandt, Reinhold Ernst Friedrich Heinrich von / Capitän 11.10.1809 / 1810 75

Schlottheim, Günther Wilhelm Friedrich von / Sousleutnant 13.06.1800 / 1805 8

Schönberg, Rudolph Wilhelm von / Sousleutnant 08.08.1806 / 1807 43, 132

Schönfeld, Friedrich Gottlob Anton von / Stabscapitän 04.10.1804 / 1807 31 f.

Schorlemer, Clemens Joseph von / Sousleutnant 28.08.1807 1813 93

Schulenburg, Carl Rudolph Graf v. / Sousleutnant 03.03.1805 / 1809 58, 80

Senfft von Pilsach, Friedrich Adolph / Gen.major 13.03.1803 / 1807 42

Senfft von Pilsach, Hans August / Sousleutnant 16.03.1804 / 1807 27, 80 f.

Senfft von Pilsach, Friedrich Gustav Adolph / Rittmeister 30.11.1810 / 1813 121, 127, 132

Seydewitz, Curt Heinrich Alexander Ludwig Graf von / Premierleutnant / 1810 80 f.

Seydlitz, Carl Traugott von / Kapitän 21.04.1807 / 1807 34, 36

Seydlitz, Ferdinand Fürchtegott von / Premierleutnant 24.10.1804 / 1809 52

Sperl, Christian Gottlob Wilh. von / Sousleutnant 23.08.1802 / 1806 13, 125

Stünzner, August Wilhelm / Capitän 20.02.1810 / 1810 80

Thielmann, Johann Adolph / Major 05.02.1807 / 1808 33, 68, 80, 91

Troski, George Friedrich Ludwig Gotthelf von / Prem.leutnant 14.10.1809 / 1810 80

Vieth und Golsenau, Johann Justus von / Oberst 26.02.1810 / 1810 75, 81, 120, 124, 128

Wagner, Eduard August / Sousleutnant 18.01.1807 / 1809 62

Warnsdorf, Heinrich Ernst August von / Oberstleutnant 09.04.1809 / 1809 60

Watzdorf, Carl Friedr. Ludwig von / Generalmajor 25.04.1811 1809 72 f., 83, 85, 87 f., 90, 119, 132

Watzdorf, Carl Ludwig August von / Sousleutnant 06.03.1811 / 1814 126

Wehrmann, Friedrich Adolph Dr. / Rgts-Chirurg 05.01.1810 / 1809 72 f., 125

Weimar, Carl Bernhard Prinz zu Sachsen- / Major 28.04.1809 / 1810 81, 118

Weissenbach, Herrmann Otto von / Prem.leutnant 10.03.1808 oder Herrmann Ludwig / Sousleutnant 05.03.1807 (nicht zweifelsfrei feststellbar) / 1809 54

Werthern, Günther Carl Albrecht August Freiherr von / Kapitän 06.10.1807 / 1809 69

Winckelmann, August Rudolph von / Oberstltn. 29.10.1807 / 1807 29

Zedlitz, Anton Ludwig Gustav Adolph von / Sousleutnant 23.01.1807 / 1807 38, 132

Zeschau, Heinr. Wilhelm von / Generalleutnant 25.02.1810 / 1810 75, 83, 91 f., 108, 113 f., 117, 131

Zezschwitz, Hanns Gottlob von / General der Kavallerie 30.07.1801 / 1806 12

Zezschwitz, Joachim Friedrich Gotthelf von / Generalleutnant 15.08.1800 / 1807 43, 45, 71

Zezschwitz, Johann Adolph von / Major 19.08.1809 / 1810 80

Quellen

Haupstaatsarchiv Dresden

Bestand 12 778 Personennachlass Max von Schreibershofen (1785 - 1881) Akte 1

Bestand 12 778 Personennachlass Max von Schreibershofen (1785 - 1881) Akte 2

Stamm- und Rangliste der Chur-Sächsischen Armee für das Jahr 1806 – Dresden 1805

Stamm- und Rangliste der Chur-Sächsischen Armee für das Jahr 1806 – Dresden 1806

Stamm- und Rangliste der Königl. Sächsischen Armee auf das Jahr 1807 – Dresden 1807

Stamm- und Rangliste der Chur-Sächsischen Armee für das Jahr 1806 – Dresden 1808

Stamm- und Rangliste der Chur-Sächsischen Armee für das Jahr 1806 – Dresden 1809

Stamm- und Rangliste der Chur-Sächsischen Armee für das Jahr 1806 – Dresden 1810

Stamm- und Rangliste der Chur-Sächsischen Armee für das Jahr 1806 – Dresden 1812

Stamm- und Rangliste der Chur-Sächsischen Armee für das Jahr 1806 – Dresden 1813

Stamm- und Rangliste der Chur-Sächsischen Armee für das Jahr 1806 – Dresden 1815

- 139 -

Bei BOD sind in dieser Reihe an Berichten und Tagebüchern bisher erschienen:

No. 2 Die Berichte der sächsischen Truppen aus dem Feldzug 1806 (I) – Brigade Bevilaqua

No. 3 Die Berichte der sächsischen Truppen aus dem Feldzug 1806 (II) – Brigade Burgsdorff

No. 4 Die Berichte der sächsischen Truppen aus dem Feldzug 1806 (III) – Brigade Dyherrn

No.21 Das Tagebuch von Ernst Ferdinand Aster 1812

No.22 Das Tagebuch von Friedrich Ernst Aster 1812

No.26 Friedrich Vollborn – Erlebtes (III) vom 28.03.1813 bis mit 15.03.1814

No.34 Friedrich Vollborn – Erlebtes (IV) vom 16.03.1814 bis mit 02.01.1816

No.35 Die Berichte der sächsischen Truppen aus dem Feldzug 1806 (IV) - Brigade Cerrini

No.37 Johann Carl v.Dallwitz (18.02.1812-10.09.1815) und Adolf George v.Göphardt (14.05.-22.09.1813)

No.40 Friedrich Vollborn – Erlebtes (I+II) vom 16.04.1808 bis mit 27.03.1813

No.41 Friedrich Gottlieb Probsthayn – Das Tagebuch vom 14.05.1813 bis 29.09.1814

No.43 August Friedrich Wilhelm von Leysser – Die Erinnerungen des Kommandeurs der Garde du Corps 1812

No.45 Carl Friedrich Ferdinand Böhme: Tagebuch 2te Periode (I) vom 21.06.1812 bis mit 09.11.1812

No.46 Carl Friedrich Ferdinand Böhme: Tagebuch 2te Periode (II) vom 10.11.1812 bis mit 11.05.1813

No.50 Tagebücher aus dem Feldzug 1809 (I): Die Infanterie-Brigade von Lecoq